東西馬

文化生態盛宴

自助行

🌸 推薦序 1

　　佳岫是畢業於國立臺東大學南島文化研究所的同學，她的碩士論文研究的主題是臺灣東部排灣族的空間記憶、歷史與家名，是一篇細膩生動的排灣族民族誌。但是基於她所受的人類學訓練，讓佳岫對於人群生活、人與環境的關係以及人類當代處境的種種問題，抱持著更為開闊的視野以及高度的關懷熱忱。加上自己的家族背景，不少族親早年就從家鄉移民東南亞發展，也讓佳岫產生了跨國尋親的動機。

　　這本新書，就是佳岫將隻身前往馬來西亞自助旅行的所見所聞，用平易近人的筆觸，完成的書寫。近年臺灣希望推動「新南向」政策，但是以臺灣社會整體對於南向國家的陌生程度來説，其實在政治經濟的「南向」要產生效果之前，更重要的是我們與這些「南向」的鄰居們，如何拉近認知與心理上的距離。因此我們對於佳岫這本新書，表達熱烈的歡迎！

國立臺東大學南島文化中心主任／中央研究院民族學研究所副研究員
蔣斌

🌸 推薦序 2

　　佳岫是我在臺東認識的年輕人，經常在山上，聽説她在山上走路比在平地騎車快。當我終於有機會領教她時速二十的摩托車後，才知道這話説得真貼切。佳岫的話很少，她安靜、溫柔的成為環境的一部分，看著周遭的動靜，聽著其中的聲音。

　　我們曾一起去牡丹，幾個小時後，她將村莊走了一圈，幾天後畫出了一幅圖。畫上除了有她精準測量的距離與高度外，生動的色彩與滿滿的細節，反應出她感受到的大人、小孩的種種活動。她從臺東走向馬來西亞，一次次的去走，我相信她與人、樹、水，山等依然安靜、溫柔的互相觀看與傾聽。這書是對我們的邀請。

國立臺灣大學人類學系專任副教授
童元昭

🌸 推薦序 3

　　擁有南島文化研究視野，又愛好登山的作者 Cemcem，在當前盛行東南亞自助遊的氣氛下，寫出一本探索和知性兼具的書，著實令人興奮。

　　誠如她將自身初次馬來西亞自助旅行的心情與經驗，平實又功能性的呈現，此書帶給想躍躍欲試獨自探索的朋友們，極具工具性的參考價值。然而，又與坊間馬來西亞旅遊書非常不同的是，Cemcem 探索之處充滿多元族群文化與生態的驚豔，將這個觀光旅遊服務已相對發達的國度，更進一步探險，勾勒出多樣地理環境、歷史因素，與各種族群在此交織出多元紛呈的文化與生態內涵等壯觀的遺產風貌。特別是其中有關婆羅洲的南島民族篇章，呈現出這個涵蓋不同洲與半島地理環境的國度，不僅僅是我們所識一般，各種原居民族有其各自歷史、傳統領域、生態資源，以及值得尊敬的生活方式、文化遺產。

　　若想行走不同於一般觀光行程的馬來西亞，或是在有限的時間內深入認識這個國度，不妨打開這本書，咀嚼一場東西馬文化生態盛宴。

東臺灣研究會執行長

林慧珍

🌸 推薦序 4

　　畢業於國立臺東大學南島文化研究所的官佳岫，單槍匹馬前來馬來西亞自助旅行，踏入馬來半島和婆羅洲島，尋訪原住民的部落，完成《東西馬文化生態盛宴自助行》這本著作，可喜可賀。

　　佳岫就讀研究所時期所研究的排灣族和婆羅洲島的達雅族，都屬於南島族群，擁有相似的文化和生態。據說早年曾有臺灣的原住民飄洋過海至婆羅洲島討生活，最終落葉歸根，成為婆羅洲島的原住民。不論是臺東的排灣族，還是婆羅洲島的達雅族，早年都是森林勇士，驍勇善戰，以狩獵為生，婦女擅長織布，如此繁衍生息。

　　長期以來，不少臺灣學者專程前來婆羅洲島考察原住民生態，推測婆羅洲島的原住民可能也來自臺灣，兩地都有血濃於水的族親。作者官佳岫，深入婆羅洲島及馬來半島內陸地區，與原住民共同生活，完全融入原住民社群。《東西馬文化生態盛宴自助行》將可以讓臺灣民眾初步地認識馬來西亞的文化與生態。

　　佳岫的這本書，不僅讓臺灣民眾瞭解臺灣和馬來西亞的原住民文化與生態，也進一步加強兩地的交流和認識。我希望臺灣民眾常常前往馬來西亞旅遊，而馬來西亞民眾也能夠常常前往臺灣旅遊，拉近距離，加強聯繫，互利互惠。希望今後會有更多的臺灣學者和研究生，向官佳岫看齊，前往東南亞各國，特別是馬來西亞進行生態與人文研究考察，然後出版研究叢書，廣為流傳。

馬來西亞砂官氏宗親會

官紀禮

 作者序

　　受到馬來西亞籍學弟兼室友 Watan Low 的影響，馬來西亞是我第一次出國就挑戰自助旅行的國家，還記得第一次搭國際線飛機亞航將降落在 KLIA2 機場的清晨，當時陸海交界上空雷電交加，幸好飛機平安著陸，踏出機艙仍是滿天星子，空氣瀰漫著即將降大雨的氣味，熱帶雨林裡的氣息也常是如此。

　　非常享受在高大的雨林樹冠層下漫步，乘著長舟徜徉於河道小徑，踏入生態保護區及內陸部落，瞥見嘎然掠過樹梢天際的犀鳥、樹林間遊蕩的紅毛猩猩、長鼻猴，當下內心總是不斷地雀躍吶喊，這就是生態與文化兼具的馬來西亞！

　　研究所時期就讀南島文化研究所，是臺北大學及臺東大學登山社的 OB，這兩者人生經驗，讓我著迷於這裡生態及文化的多元，讓每次的馬來西亞自助旅行總是意猶未盡。喜歡跟著伊班族嚮導搭長舟探訪上游的長屋部落；和卡達山杜順族嚮導登神山，認識婆羅洲山區的動植物與傳說；踏上比達友族人搭建的竹橋、步道，感受竹子工程師的生態智慧。馬來西亞是非常值得自助旅行者探索的國度，離去時總是不捨且盼望下次早點到來。

　　好不容易完成這本書，最要感謝我的馬來西亞學弟兼室友華丹，及每趟旅途幫忙照顧家裡毛小孩的東大登山社學弟妹們、給予本書誠懇建言的蔣斌主任及林慧珍執行長、曾推薦我務必到古晉走一遭的熊主任、引薦我聯繫上印尼加里曼丹宗親的登山社客語高手學妹戴欣怡、在砂勞越時，總是熱情招待我的砂官氏宗親會眾宗親及古晉的車導賴先生和 Summer Lim、推薦我專業嚮導的中華雨林之心協會創辦人 Coco、西馬的雪隆上官氏宗親及怡保的涂氏夫妻，希望讀者能藉由本書來場身歷其境的馬來西亞生態人文盛宴。

目錄

Part 1

婆羅洲

繽紛的東馬 婆羅洲

　　婆羅洲有兩個世界自然遺產，分別是「沙巴州的神山國家公園」以及「砂勞越州的姆祿國家公園」，因擁有地質、地形、生態、文化上的獨特性，在世界自然遺產上占有重要的地位。婆羅洲的生態特色非常吸睛，長鼻猴、紅毛猩猩、螢火蟲、婆羅洲馬來熊、犀牛、犀鳥、獨具特色的野生蘭花及豬籠草、大王花等，是吸引世界各地旅人願意遠道而來的主因。婆羅洲南島民族的長屋建築、馘首文化（二次大戰前）、服飾、圖騰、飲食頗具在地特色，讓許多探險家趨之若鶩！

東馬的地理環境

沙巴州＋砂勞越州＝婆羅洲

　　沙巴州的面積為 76,115 平方公里，是臺灣（36,193 平方公里）的 2.1 倍大，由西海岸省、內陸省、古達省、山打根省、斗湖省等五個省所組成。主要的山脈為克洛克山脈（Banjaran Crocker），將沙巴州劃分為東西部，最高峰為海拔 4,095.2 公尺的羅氏峰；京那巴當岸河則是沙巴州的最長河流。氣候炎熱多雨，雨季在每年的十月至隔年的三月，生產稻米、橡膠、西谷米（碩莪樹的澱粉）、樹薯、咖啡、茶葉等。

　　砂勞越州的土地面積為 124,450 平方公里，占馬來西亞土地面積的 37.5%，面積是臺灣的 3.44 倍，由古晉省、西連省、三馬拉漢省、詩里阿曼省、木中省、泗里街省、加帛省、詩巫省、沐膠省、民都魯省、美里省、林孟省等十二個省所組成。婆羅洲的中央山脈劃分了東馬砂勞越以及印尼加里曼丹的國土，位於加拉必高原的毛律山（Gunung Murud）是砂勞越最高峰，海拔約 2,423 公尺，拉讓江是馬來西亞最長河流，位於砂勞越州境內。

沙巴州 32 族＋砂勞越州 29 族

沙巴州目前官方承認的族群有 32 個，其中的三大族群為卡達山杜順族、華人、巴夭族（Bajau），主要的語言為馬來語、英語、華語、卡達山杜順語。而砂勞越官方認定的族群共 29 個，主要的三大族群為伊班族、馬來人、華人；2015 年，伊班族及比達友族所使用的達亞語，終於被馬來西亞聯邦政府認定為官方語言。

精彩婆羅洲

東馬歷史

西元五世紀以前，沙巴州屬於汶萊蘇丹以及蘇祿蘇丹的領土，當東北季風盛行時期，菲律賓及蘇祿群島的海盜，常利用東北季風南下至婆羅州沿岸搶劫村莊及海上的船隻，因此「海盜風」成了東北季風的代名詞。婆羅、婆利、或渤泥這些地名最早出現在西元 520 年（南梁武帝普通元年）的《梁書》；西元 977 年（宋太宗太平興國 2 年），淳尼國王曾派遣侍者進貢中國，之後古籍所稱的婆羅乃（Brunei）或汶萊，也就是當代砂勞越州的大致範圍。

三佛齊帝國（Srivijaya Empire）是居住於蘇門答臘的印度人後裔於西元五世紀所建立的王國，起源於蘇門答臘的巨港，因掌控馬六甲海峽商業貿易而興起，十二世紀版圖曾達婆羅洲和馬來半島，是東南亞大乘佛教的中心。十三世紀，元朝版圖在忽必烈的帶領之下，拓展到北婆羅洲沿海。

滿者伯夷帝國（爪哇語：Madjapahit）興起於東爪哇（現今的泗水西南方），由信奉印度教的印度人後裔於十三世紀初期創立，當時的汶萊蘇丹也常進貢新鮮的檳榔汁給滿者伯夷帝國。此時回教商人也在東南亞國家進行通商貿易，傳播回教文化，滿者伯夷帝國於 1478 年滅亡後，僅巴里島居民仍信奉印度教，其餘由馬來蘇丹或拉者統治的地區居民開始改信奉回教。

根據國外文獻記載，鄭和下西洋時，曾兩次抵達渤泥，士兵們曾在婆羅洲北岸生活數月，並將飲用燕窩的方法學習起來。1518 年的三月，西班牙國王查理一世資助葡萄牙探險家麥哲倫的航海計畫，於 1521 年登上婆羅洲的最頂端「燈火樓（Tip of Borneo）」。1530 年後，葡萄牙人也常由馬六甲往來布律尼（汶萊），這時汶萊在信奉回教的蘇丹布基亞統治之下非常強盛，版圖含括整個婆羅洲內的三發（Sambas）、坤甸（Pontianak）、馬辰（Banjermassin）、巴龍岸（Balungan）及沿海的蘇祿（Sulu）群島等。

　　十八世紀末，西班牙和英國戰爭戰敗，英國人在西班牙人的殖民地菲律賓救了被關在馬尼拉監獄裡的蘇祿蘇丹，蘇祿蘇丹因此將北婆羅洲的巴蘭班岸島（Balambangan）及些許沿海土地送給英國東印度公司。十九世紀初期，北婆羅洲仍由汶萊蘇丹及蘇祿蘇丹掌控，之後汶萊蘇丹將北婆羅洲的土地使用權販售給英國北婆羅洲公司，該公司從 1881 年開始統治並經營北婆羅洲貿易，直到二次世界大戰日本統治婆羅洲以前。

　　英國人詹姆士 · 布洛克於 1841 年成為砂勞越的拉者（意指：國王），當時的砂勞越面積大概僅是現今古晉省三馬拉漢、倫樂等流域部分範圍而已。1846 年，汶萊蘇丹殺害詹姆士·布洛克的拉者朋友幕達哈心及其弟巴魯丁等人，詹姆士·布洛克因此進攻汶萊，汶萊蘇丹戰敗後將砂勞越永久割讓給詹姆士·布洛克。詹姆士·布洛克尊重在地各族群原有的生活慣習及法律，讓整個砂勞越看似一個人類學的博物館，許多英國官員也成為業餘的人類學者。

　　砂勞越和荷屬婆羅洲的邊界，由 1891 年的英荷會議劃定以兩國間的最高山脈為界。西方宗教影響方面，1848 年英國的麥道高教士（Francis Thomas McDougall）首先將基督教福音帶到砂勞越。1881 年，來自英國米爾分（Mill Hill）的神父將天主教傳播至婆羅洲。

　　1905 年，砂勞越、北婆羅洲、汶萊的邊界訂定，樹膠也在此時引進婆羅洲。1942 年至1945 年期間，婆羅洲曾被日本人占領，日軍戰敗後，沙巴州成為英國的殖民地，砂勞越的第三任拉者維納 · 布洛克爵士（Sir Vyner Brooke）也將砂勞越讓渡給英國，歷經 105 年的砂勞越布洛克王朝結束。1963 年，北婆羅洲、砂勞越和新加坡加入馬來西亞聯邦，北婆羅洲於 1963 年 9 月改稱為沙巴州。

世界自然遺產

和卡達山杜順族嚮導登神山

神山國家公園

　　神山（Mountain Kinabalu）的羅氏峰（Low's Peak）高度約為 4,095.2 公尺，是馬來西亞及婆羅洲的最高峰，也是世界上非火山地形中的最年輕山系，位於成立於西元 1964 年的神山國家公園（Kinabalu Park）境內。聯合國教育、科學及文化組織（UNESCO）在 2,000 年將神山國家公園列入世界自然遺產，成為馬來西亞第一個世界遺產，擁有傑出普世價值（Outstanding Universal Value），為世界上最重要的生物棲息地之一，也是世界上最多種植物密集生長處之一。

從沙巴州古達省的平原遠眺神山。

　　神山公園的面積約 754 平方公里，主要劃分為神山植物園、羅氏峰主體、波令溫泉園區三個區域。沙巴州雨季在每年的 11 月至隔年 2 月，3 月是爬神山最好的季節。攀登神山的大眾化路線有 Summit 及 Mesilau 兩條，Summit 路線從登山口出發後，大概需要攀爬四至五個小時左右，才會抵達班那拉班（Panar Laban）山屋或者是拉班拉達山屋（Laban Rata Resthouse）。Mesilau 路線較長，得多花一至兩個小時才會到達山屋，兩條路線交會於燕子之家（Layang-Layang，H2,702m）。

神山登山口的解說牌。

卡達山杜順族祖靈的安息處──神山

最高峰在南島族群所生活的傳統領域裡是神聖的，在神山裡生活的南島族群為卡達山杜順族，住家在神山的山腰分布著，他們稱神山為京納巴魯山（Aki Nabalu，Aki 意為先人，Nabalu 意指山），Aki Nabalu 就是靈魂安息之處。傳統的卡達山杜順族人怕會觸犯祖靈，視攀登神山為禁忌，直到 1851 年有位來自英國的修羅爵士（Sir Hugh Low）是首先率領攀登神山的團隊，並在班那拉班（意為祭地）由卡達山杜順族的女祭司舉行安撫山神儀式，祭品有一隻白公雞及七顆蛋，之後每年此刻此地都得舉行祭祀。

攀登神山，只能聘任在地的卡達山杜順族當嚮導和挑夫。

神山又被稱為「中國寡婦山」或「望夫山」，傳說曾有位明朝男子因為捕魚時遇到颱風漂流至沙巴州，來到神山裡的部落，娶卡達山杜順族女孩（有人說是公主）為妻，之後回去中國再也沒回來。妻子每天爬上神山頂峰，盼也盼不回丈夫，最後絕望地跳崖。據說鄭和下西洋經過沙巴時，也曾登頂神山呢！

和卡達山杜順族嚮導登神山

爬神山的第一天得面對 6 公里左右的陡上坡，從神山公園總部（H1,564m）到拉班拉達山屋（H3,273m）得爬升海拔 1,709 公尺的高度。Cemcem 爬神山這天，大約是早上七點整抵達神山國家公園總部的入口售票處，先買 RM15 的神山國家公園門票，再走到國家公園總部的入山登記處申請嚮導，Cemcem 的嚮導是會說華語的卡達山杜順族年輕人 Izman shah。在此繳清攀爬神山的相關費用後，搭小巴前往 Timpohon Gate 登山口（H1,866m）。

神山國家公園總部。

2 公里處的 2,252m 林相。

美麗的神山步道景觀，深受西方年輕人的喜愛。

苔癬蔓生的溫帶落葉樹林

　　車程約十分鐘後抵達 Timpohon Gate 登山口（H1,866m），嚮導在此解説行程後開始登山。走 500 公尺左右，會經過 Corson 瀑布，接著是不斷地陡上，在海拔 1,200 至 2,200m 間，主要樹種為溫帶落葉樹，以橡樹、板栗、桃金孃、月桂樹、桉樹、茶樹占大宗。抵達 2km（H2,252m）處已超過海拔 2,200m，這高度以上的植物生長較遲緩，樹木時常可見苔癬及枸杞依附生長著。

繽紛的杜鵑林

　　3km（H2,455m）可見綻放著紅色、粉紅色、白色、橘色的杜鵑花叢，這些杜鵑花生長於高度 2,200 至 3,200m 間。4km 的燕子之家（Layang Layang）（H2,702m），Mesilau 路線在此處和 Timpohon 路線會合，附近有馬來西亞廣播電台的接收站（RTM station）。此處是享用午餐的最佳所在，腹地大，有廁所，之後的路段視野變得開闊，神山的尊容近在咫尺。

花崗岩山坡上的拉班拉達山屋

　　5km 為 Paka 洞庇護站（H3,052m），附近有個名為 Paka 的山洞，據説第一位攀登神山的人曾在此山洞過夜，接下來的路程幾乎是走在花崗岩山徑上，杜鵑花景及山景交相輝映。走了將近七小時的路程後，終於抵達拉班拉達山屋，嚮導協助辦理住宿登記後，便可自由活動。Cemcem 被分到的房間為四人房，房內有兩張上下舖，16:30 開始供應晚餐，餐後七點左右入睡，隔日凌晨得摸黑攻頂。

拉班拉達山屋與卡達山杜順族年輕嚮導 Izman shah。

TIPS

中途休息的庇護站

❶ 1km 有 Kandis 庇護站。

❷ 1.5km 的 Uboh 庇護站，有廁所。

❸ 2.5km 的 Lowii 庇護站（H2,350m），有廁所，不遠處還有個 karamborongoh 電訊站（Karamborongoh 是卡達山杜順族人用來避邪植物的名稱）。

❹ 3km 的 Mempening 庇護站，有廁所。

❺ 4.5km 有 Villoso 庇護站（H2,898m）。

❻ 5.5km 處有一個涼亭，繼續往前走，會經過像度假小木屋般的 Waras 小屋（H3,244m）。

班那拉班小屋的獻祭之地

半夜起床梳洗，凌晨兩點拉班拉達山屋一樓的餐廳就開始供應早餐，有中式及西式的自助式。用餐完畢後所有的嚮導及登山客同時出發，剛開始起步的上坡會經過班那拉班小屋（H3,314m），此處又稱為「獻祭之地」，是當初修羅爵士和卡達山杜順族嚮導祭祀祖靈之處。過不久，就會看到另間 Gunting Lagadan 小屋（H3,323m）。

拉班拉達山屋的自助式餐廳。

婆羅洲之巔

大約一個半小時路程抵達 7km 的 Sayat-Sayat 小屋（H3,668m），在這裡檢查登山證，在那之前有段需拉繩子的大陡坡，是處頗有暴露感的地形，嚮導催促 Cemcem 快快通過，因為上方有塊不知何時會滾下來的大岩塊。此刻海拔已逼近樹木可生長的最高界限（3,350～3,700m），超過此高度後，平滑的岩石及斜坡面非常難形成土壤。

7.5km 處的路段是只能看到稀疏小草的大斜坡。而 8km 處（H3,929m），一路上都有架繩，在灰濛濛霧茫茫的路途上攀爬著，跟著繩子走也是防止在濛濛大霧裡跟丟的方法。快要抵達山頂時，可以看到山峰間相連成「U」狀谷地，由垂直海拔高度從 3,900 至 1,500m 間的壯觀羅氏峰深壑劃分為二，形成東西兩側山頂高原。聖瓊斯峰附近可清楚地看見冰河時期遺留的痕跡，附近可以看到的山峰為南峰、聖約翰峰、醜姊妹峰、驢耳峰等山峰。可惜的是，在 05：59 抵達羅氏峰（4,095.2m）時霧茫茫一片，登頂照也拍壞了。

清晨霧茫茫的神山攻頂之路。

眺瞰一望無際的沙巴州山景。

漂亮的視野與超陡的下坡

攻頂完稍作停留後,便開始往準備下山了,下坡路超級陡,在長得像驢子耳朵的花崗岩山峰附近,景色大開,可以眺望一望無際的沙巴州景觀。回到 7km 的 Sayat-Sayat 小屋,嚮導帶領登山客經過此處時,都要到小屋內作登記。下山的路途中,就在 2.5km 的 Lowii 庇護站,突然下起滂沱大雨,嚮導說馬來西亞的雨季快要來了,明天的人能否攻頂還得靠天神賞臉。

領神山登頂證書

建議以後爬神山的朋友們,若下山速度不太快的話,還是 09:00 前從拉班拉達山屋出發較保險,這樣才確保可以吃到神山國家公園總部供應的午餐!攻頂後可到神山國家公園總部登記,並購買用體力及毅力代價換來的神山登頂證書。

神山攻頂證書。

住宿資訊

拉班拉達山屋要提早申請

　　對於登山客而言，拉班拉達山屋是攀登神山最便捷的休憩處，若攀登神山行程為三天兩夜，此山屋需在出發日的 30 天以前預訂；參與兩天一夜行程的登山客，需於出發日的 30 天內儘早預定。拉班拉達山屋是設備非常完善的山屋，有廁所及衛浴設備、可洗澡的熱水、中西式吃到飽的自助餐點。

預定步驟如下：

1. 寫 E-mail 或 Line 到 Sutera Sanctuary Lodges 訂房，確認攀登神山需住宿的那幾天是否有床位。E-mail 內需先告知到達日期、離開日期、住宿天數、預定的住宿點、攀登路線、人數、名字、地址、連絡電話、國籍。

2. 若預定住宿日仍有床位，Sutera Sanctuary Lodges 會以 E-mail 通知在規定期間內付款，才算預定成功。住宿費用僅含攀登及住宿期間的三餐、床位。抵達神山公園總部時，要帶著訂房繳費確認單與護照。Cemcem 在 2016 年以信用卡付費的費用為 RM781（以當時的匯率換算為臺幣 6,127 元）。

┌─ INFO ──────────────

Sutera Sanctuary Lodges

✉ reservations.kkts@suterasanctuarylodges.com.my

🖥 suterasanctuarylodges.com.my

LINE 088-255573、088-287877

FAX 088-259522

拉班拉達山屋的餐點。

入山證等事宜辦理

　　先在神山國家公園的大門買門票
（RM15），並在國家公園總部櫃檯
繳嚮導費聘任在地嚮導，若英文不太
好，可請國家公園總部幫忙找會說華
語的卡達山杜順族的嚮導。嚮導費用約
RM230，每位嚮導只能帶 5 位以下的成
年人或者是 2 位以下的未成年登山客。

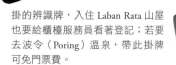

掛的辨識牌，入住 Laban Rata 山屋
也要給櫃檯服務員看著登記；若要
去波令（Poring）溫泉，帶此掛牌
可免門票費。

在國家公園總部還需繳交的費用為：入山證及登山保險費用（RM207）、
從神山國家公園總部至登山口（Timpohon Gate）車資（RM34）、寄放一
件大背包費用（RM12），攻頂證書要由嚮導和櫃檯確認確實有登頂，才
可購買攻頂證書費（RM10.6）。以上費用共 RM508.6，需以馬幣當場支付。

神山國家公園總部的山屋可登記辦理寄物，每件行李的寄放費用為 RM12。

建議可攜帶的輕量化裝備

　　Cemcem 帶上神山的裝備約 6 公斤左右，用 34 公升的背包裝著，其餘沒帶上山的行李統一塞在一個登山大背包內，寄放在神山國家公園總部的行李保管處。兩天一夜的神山行李如下表：

神山 2 天 1 夜裝備表	
衣著	涼鞋、登山鞋、排汗襪、毛襪、北大山社社服、東大山社社 T、排汗衣、排汗褲、PILE 外套、薄外套、內衣、內褲、中背包、小背包、貼身包、零錢包、錢包
雨具	雨傘、兩截式的雨衣和雨褲
登山用品	非防風型打火機（不可託運，隨身行李）、頭燈、頭燈備用電池（9 顆）、指北針、低音哨、水瓶、旅行行程表、地圖、登山杖
個人衛生用品	隱形眼鏡 ×2 副、衛生紙 ×2 小包、衛生棉 ×2 小包
保養品及化妝品	化妝水、面膜、眼霜、防曬乳、BB 霜、遮瑕膏、卸妝棉
盥洗用具	牙膏、牙刷、洗面乳、肥皂、梳子、牙線
個人醫藥	紅景天、維他命、魚肝油、普拿疼、小護士
3C 用品	相機（充電器、電池、記憶卡）、手機、行動電源、轉接插頭　註：Laban Rata 山屋可以充電
證件	2 吋照片 6 張、健保卡、身分證、護照、信用卡
文具	筆記本、原子筆
行動糧	士力架巧克力、黑糖口味的掬水軒口糧餅乾 1 包
其他	防水用及裝垃圾用的塑膠袋 3 個

交通資訊

大眾交通方式

　　從臺灣搭飛機到亞庇機場後，可以搭往亞庇市區的機場巴士，在靠近加雅街（Jalan Gaya）的 Horizon Hotel 下車，車資為 RM5。附近有間 Wisma Merdeka 購物中心，一樓有換匯所可兌換馬幣，也有店家販售在地的手機網卡。若需添補登山用品，附近有間曙光廣場（Suria Sabah）的地下一樓有登山用品店（Montanic Sdn Bhd），這裡的登山用品賣的比臺灣貴許多。

　　亞庇有兩處巴士站可搭往神山登山口，一處是位於加雅街附近的獨立大草場車站（Padang Merdeka Bus Terminal），往蘭腦（Ranau）及坤達山（Kundasang）方向的小巴都可以搭，首班車 06:00，末班車 18:00，車資為 RM25，可請司機在民宿附近讓旅客下車。建議若要在此搭小巴，可能要在 16:00 前上車，以防萬一。另一處搭車地點，位於亞庇市郊的長途客運北站（Kota Kinabalu North Bus Terminal），得先從亞庇市區轉巴士過去，班車較多。往山打根、拿篤、仙本那、斗湖的大巴原則上都會經過神山公園登山口，請向售票員確認後再購票。

─ INFO ─
沙巴大眾運輸（Kota Kinabalu Bus Terminal）
malaysiasite.nl/kinabalubuseng.htm

獨立大草場車站。

登山口附近食宿資訊

🐾宿 鳥語花香的山里度假村

山里度假村（Mile 36 Lodge）內的簡易雅房有兩個插座可用、梳妝台一個、一張椅子、一個電熱壺、一張床，晚上很安靜。衛浴設備在室外，大家共用。從 Agoda 預訂最便宜的單人房，兩晚總價共臺幣 1,049.96 元（含早餐、服務費 10%、飯店稅 6%）。民宿旁有餐廳可品嘗在地餐點，住宿附的免費早餐也是在此享用。

INFO

山里度假村（Mile 36 Lodge）

🏠 Kg Kalanggaan, Mile 36, Kundasang, Sabah, Malaysia 89300

📞 002＋60＋88-888161（從臺灣撥打），088-888161（到沙巴當地撥打）

✉ mile36lodge@gmail.com

🖥 mile36lodge.com/About% 20Mile% 2036% 20Chinese.htm

入住山里渡假村可享用免費早餐，房型有多種可選擇，周邊花木扶疏，非常賞心悅目。

🐾 風景優美的 J 旅館

J 旅館（J.Residence）離神山國家公園總部約 10 分鐘左右的路程，就在大馬路邊，但得先走段很陡的樓梯才會抵達旅館的住宿登記處。領鑰匙時得先付鑰匙的押金 RM80 元（退房時會退還）。住在 J 旅館整晚可聽到蛙鳴與蟲鳴，附有小瓦斯爐、獨套衛浴設備、電視、Wi-Fi，還有景觀陽台可用，整個空間非常乾淨，入住一晚只要臺幣 659.98 元（含服務費 10%，飯店稅 6%）。

J 旅館的觀景陽台。

INFO

J 旅館（J.Residence）

🏠 Mount Kinabalu National Park, Jalan Kinabalu, Kinabalu Park, 89300 Kota Kinabalu, Sabah, 馬來西亞

🖥 jresidence.com/index.html

神山國家公園總部對面的平價美食。

🐾 平價的神山飲食、小吃

神山公園入口對面有間鐵皮屋頂餐廳，食物非常多樣化且平價，有販售飯、麵、湯、飲料等餐點，從早餐到晚餐都有賣，選擇很多。

波令溫泉、樹冠吊橋、大王花

神山國家公園

　　波令溫泉（Poring Hot Spring）位於神山公園境內的蘭瑙縣波令村，海拔高度約 1,600 公尺，是日本人在二次大戰期間占領沙巴州時所發現的。由於波令溫泉是具有舒緩肌肉痠痛療效的硫磺溫泉，因此日本人在此興建了露天溫泉池及室內溫泉澡堂。

　　波令溫泉園區內規劃了雨林樹冠層吊橋、蝴蝶園、溫泉池、蘭花保育中心、熱帶植物園區、動物復育農場、野餐區、民族植物園區、青年旅社等住宿區、露營區等，也有帳棚出租的服務，園區內的附設餐廳食材主要來自在地村民所栽種的蔬果。波令溫泉內也有免費導覽，有興趣的話可在每日的上午十一點，到遊客中心門口集合參與導覽。波令溫泉區因為擁有大片的龍腦香科樹林、各式果樹，鳥類生態非常豐富，園區內的藤本植物及藤棕桐等植物也時常吸引狐猴、紅葉猴、紅毛猩猩前來覓食。

波令溫泉的大眾池。

舒緩肌肉痠痛的硫磺溫泉─波令溫泉

　　若到訪波令溫泉之前有先去攀登神山，領
有可掛在脖子上的攀登神山識別證，於波令溫
泉售票處將此識別證讓售票員確認，就不用另
買 RM15 的外國人門票（馬來西亞成人門票只
要 RM3）。進到溫泉區後，首先映入眼簾的是
數個露天溫泉池，有一個人獨享的個人池，也
有大小不一的大眾池。園區內也有置物櫃、更
衣室、衛浴設備、游泳池等，規劃的相當完善；
若想體驗專屬的室內溫泉空間，也可另外再購
票。

露天個人池有溫泉水及自來水可自行調整水溫。

　　波令溫泉的露天個人池很乾淨，可以隨意
挑選一個未裝水的個人溫泉池使用，有溫泉水及
自來水可以自行調整水溫，泉質頗佳，泡完溫泉
後可感受到皮膚的確變的細滑些。Cemcem 親身
體驗爬神山的隔天再泡溫泉，下山後的肌肉酸痛
感的確減輕許多。在此泡溫泉時，也可來場小小
的文化差異觀察，可以發現到來這裡泡溫泉的馬
來人婦女全副武裝只
能泡腳，馬來西亞華
人女性則是穿輕便衣
服下去泡，跟著旅行
團來的臺灣及大陸女
性觀光客幾乎沒時間
換泳衣，只能在此泡
腳及照相，然後馬上
離開。

波令溫泉內的盥洗區及廁所。

溫泉園區有保管區，位於「室內溫泉池申請中心」裡。

世界最高的雨林樹冠層吊橋

　　波令溫泉內有座世界最高的雨林樹冠層吊橋（Canopy Walkway），從波令溫泉池左上方走約 10 分鐘，步道兩側遍布著棕櫚葉植物、高大的雙子葉植物、蕨類、巨竹林，接著會看到吊橋售票處（如有攜帶相機或攝影機需另外購票）。買好票後，得再走一段路到兩層樓的眺望臺，那裡是體驗雨林樹冠層吊橋的入口。據說波令溫泉的雨林樹冠層離地面最高處在 41 公尺，總長度約 157 公尺，人們走在架在樹上的繩編吊橋上。

　　雨林樹冠層吊橋可分為 6 小段，每段人數限制為 6 人以下，因為吊橋以繩索架在樹上，走在吊橋上時不斷發出「咿咿呀呀」的聲響，若有人體重太重且快速跟隨在後，可以明顯地感受到吊橋的搖晃程度，非常刺激。若對於樹冠層吊橋生態有興趣，這是個可觀察雨林頂層的動植物生態的最佳機會。

雨林樹冠層吊橋走起來雖然很刺激，但也可仔細地觀察位於樹冠層頂層的生態。

世界最高的雨林樹冠層吊橋。

波令溫泉附近村民發現到的大王花。

尋找大王花

據說神山國家公園的大王花
（Rafflesia，在地華人音譯為萊佛士花）
品種可分為凱氏大王花、派氏大王花及
東姑阿磷氏大王花，其中為凱氏大王花
的直徑可長達 1 公尺。大王花是寄生植
物，沒有根、莖、葉，只能利用線狀的
細絲散播花裡頭的細根，藉由藤蔓的莖

若要在波令溫泉看大王花，可注意波令溫泉外的攤販是否有關於大
王花導覽的資訊。

吸收養分，當要準備開花時，芽看起來像包心菜般。大王花需經過約九個月的時間才會開花，
花期只有 3 ～ 4 天。大王花開花期間會散播不好聞的味道，吸引昆蟲來授粉。

在波令溫泉區看大王花需另外付費，但也得看是否剛好遇到大王花開的花期；波令溫
泉區外也有在地居民帶大王花導覽行程，需仔細看著攤販招牌是否有另外標示著大王花導覽
（費用約為 RM25 或 RM30 以上），通常會坐著在地人的車去看正在盛開的大王花，或是
多付些費用跟著在地人徒步去尋覓大王花。村民為了避免正在盛開的大王花被干擾，周邊會
以木條圍起來保護，因為大王花導覽活動的收入，也是支撐在地經濟的重要收入之一。

INFO

波令溫泉（Poring Hot Spring）

各項門票資訊：

1. 波令溫泉各項設施及門票價目表

項目／ 開放時間	票價（RM）					
	外國成人	外國兒童	馬來西亞成人	馬來西亞兒童	相機	攝影機
園區門票 （07:00~18:00）	15	10	3	1	——	——
樹冠層吊橋 （08:00~16:00）	5	2.5	3	1.5	5	30
蘭花園及 熱帶植物園區	7	4	6	3	——	——
蘭花園 （09:00~16:00）	10	5	5	2	——	——
熱帶植物園 （09:00~16:00）	3	1.5	2	1	——	——
樹冠層及蝴蝶園 註：蝴蝶園每週一 休館	7	3	4	2	——	——
蝴蝶園 （09:00~16:00） 註：蝴蝶園每週一 休館	4	2	3	1	——	——

2. 波內冷泉價目表

項目／開放時間（08:00~16:00）		每小時票價
室內溫泉浴池（豪華）		RM20
室內溫泉浴池（一般）		RM15
滑水道	18 歲以上	RM3
	55 歲以上	RM1
	6~8 歲	RM1
	6 歲以下	免費

wavetune.com/sslweb/index.php/en/hotspring-red

交通資訊

🐾 大眾交通方式

神山國家公園總部下方的巴士站，可等待前往蘭瑙、山打根（Sandakan）方向的巴士，這段路程除東馬客運、SIDA 客運會經過以外，也有從亞庇市獨立大草場車站發車的白色小巴會經過。波令溫泉位於神山公園總部東南方的 43 公里處，途中會經過路邊有肯德基、週五市集的坤達山小鎮，從神山公園總部到蘭瑙小鎮的車資為 RM10。

蘭瑙小鎮至波令溫泉的路程約 15 公里，因此到蘭瑙小鎮後，得再換小巴前往波令溫泉。在蘭瑙鎮下車後，得先過馬路到對面的加油站，再沿著小公園旁的路徑走，遇叉路右轉可以看到 May bank，可以在那揪 9 人坐小巴（通常是白底，上方不一定會有寫「Poring hot spring」），要主動詢問及比價，車資在 RM6 至 RM20 間。Cemcem 推薦到附近的健豐五金零件商及 Kien Hong Shopping Center 前方搭車牌為 SU7402 的白色私人小巴，司機 Bandiong 是在地的原住民，電話 002+60+14-5663308（車資一趟 RM20 ／人，是目前比較省錢的交通方式之一），可以用簡單的英文溝通。

往坤達山、蘭瑙、西必洛（Sepilok）、山打根等方向的巴士，都可以在神山國家公園總部的下方停車亭等車（圖左第一根路燈旁的候車亭）。

從神山國家公園總部搭任何大小巴士到蘭瑙，下車地點就位於照片左上方加油站對面的藍屋頂公車亭；若從蘭瑙搭回神山國家公園總部，加油站旁藍色屋頂的候車亭就是搭車處。下車後，過馬路到加油站那側，沿小公園的人行道直走後，遇叉路右轉，不久即可看到 May Bank，前方會有幾輛小巴停著，請主動問司機或附近店家哪輛車會到波令溫泉。

健豐五金零件商及 Kien Hong Shopping Center 前方可搭乘 Bandiong 的白色小巴。

┌ INFO ──
Kota Kinabalu Inanam Bus Terminal 巴士
🖥 expressbusmalaysia.com/bus-stations/kota-kinabalu-inanam-bus-terminal

世界級的石灰岩洞之最

姆祿山國家公園

　　姆祿山國家公園（Gunung Mulu National Park）是砂勞越州最大的國家公園，位於美里省及林孟省境內，西北邊和汶萊接壤，總面積約 52,864 公頃，成立於 1974 年，1985 年對外開放，2000 年列為聯合國教科文組織的世界自然遺產。姆祿山國家公園擁有世界上面積最大的地下鐘乳石洞廳，地形除了鐘乳石洞，還有高達 60 公尺的壯觀石灰岩尖峰石林，考古學家認為它列為世界自然遺產的原因之一，是因 150 萬年前形成的姆祿山國家公園，至今仍保存原始的自然景觀樣貌。

　　美力瑙河（Sungai Melinau Paku）流域的石灰岩峰亞比山（Gunung Api，H1,750M）及姆祿山（Gunung Mulu，H2,376M）皆為石灰岩地形受雨水侵蝕所形成的地景。根據史料記載，最先探險姆祿洞穴群的外國人是兩位 19 世紀初期的華商，他們沿著德力干河（Terikan River）上溯，卻淹死在石灰岩洞中的急流，後人將這個石灰岩洞命名稱 Lubang Cina。姆祿山則是到了 1932 年期間，才開始有西方人登頂的紀錄。

從飛機上可看到姆祿國家公園的鹿洞（目前世界第二大的洞穴通道）。

行程導覽資訊

　　國家公園的導覽以英語為主，但 Cemcem 到訪姆祿山國家公園時，曾遇到在地會說華語的巴拉灣族（Barawan）女生，兜售和國家公園一樣的行程攬客。Cemcem 因為想瞭解清楚關於在地的資訊，於是加入她們的華語導覽行程，若有朋友想聽華語導覽，可以聯繫巴拉灣族的導遊 Jenny Lazing（電話：002＋60＋12-851-0441）或是來自砂勞越詩巫的華人導遊小劉（電話：002＋60＋19-898-8683）。

巴拉灣族的華語導遊 Jenny Lazing。

INFO

姆祿山國家公園（Gunung Mulu National Park）

🏠 Borsarmulu Park Management Sdn Bhd P.O. Box 2413,Miri, 98008 Sarawak, Malaysia

📞 002＋60＋85-792300 ／ 002＋60＋85-792301

💲 馬來西亞公民（成人 RM15、60 歲以上長者 RM7、7 歲以下幼童 RM5、6 歲以下免費）、外國人（成人 RM30、7~18 歲 RM10、6 歲以下免費）；購買門票後，5 天內皆可免費的自由進出

✉ enquiries@mulupark.com

🌐 mulupark.com/contact

亞當和夏娃的祕密—藍洞

　　姆祿國家公園將藍洞（Langs Cave）和鹿洞（Deer Cave）的行程搭配在一起，每日下午兩點或兩點半出發。從國家公園總部走到藍洞的路程約 3.8 公里，步道兩側枝葉可以看到各式的竹節蟲。藍洞是在 1977 年時，由一位名字叫 Lang Belarek 的巴拉灣族人發現，據說以前時常有野豬前來喝水。藍洞裡的步道長約 240 公尺，是個可以觀察到石灰岩受到地下水的溶解作用而形成的鐘乳石、石筍、長披肩、螺旋體、緣石池、地底伏流等地形，最具特色的石筍造型稱為「亞當和夏娃的祕密」（參與藍洞加鹿洞的導覽費為 RM35 ／人，含嚮導費）。

石筍造型「亞當和夏娃的祕密」。

藍洞的鐘乳石景觀非常秀麗且精緻。

世界第二大的洞穴通道—鹿洞

　　鹿洞裡的古老河床地下水溶解石灰岩層的過程，形塑出目前世界第二大的洞穴通道景觀，洞穴入口寬約 170 公尺，高約 120 公尺，據說曾是埋葬先人的墓穴。以前是野鹿的飲水地，因為洞穴內的鳥類及蝙蝠糞便含有些許鹽分，這些鹽分聚集起來，成為鹿類等哺乳類動物取得舔鹽的場所，因此狩獵者稱此地為鹿洞。鹿洞有 12 種以上的蝙蝠，蝙蝠數量大約三百萬隻左右，以皺唇犬吻蝠為主，步道旁的小丘由蝙蝠糞便堆疊而成。將近黃昏覓食時間，蝙蝠的吱喳聲響繚繞非常震撼。

　　鹿洞內的石灰岩地形景觀非常讓人驚豔，有兩處鐘乳石景觀分別被稱為「亞當的蓮蓬頭」或者是「夏娃的蓮蓬頭」，錐丘期的喀斯特地形開始慢慢崩塌形成鹿洞的巨大天坑美景「伊甸園」；若從洞內往洞口岩壁觀看，可以看到非常像美國總統林肯頭像的側面，也是姆祿國家公園最具特色的招牌地景之一。

從鹿洞的洞內深處往洞口觀看，像極了林肯頭像的側面。

伊甸園。

洞內美景與蝙蝠糞坵。

百萬隻蝙蝠出洞奇觀

　　在每日天氣晴朗的傍晚五點半至六點半間展開，一條條有如長龍隊伍飛行般的蝙蝠，共同振翅的聲響讓人震撼，觀光客們則聚集在鹿洞前方的休憩廣場驚嘆著。為數約三百萬隻的蝙蝠一晚就可吃掉約 15 噸的昆蟲，覓食飛行距離距鹿洞約 100 公里左右，最高時速約每小時 75 公里，翌日清晨才返回洞內。蝙蝠出洞時間結束後，天也差不多黑了，漫步回到住宿地點的過程，若仔細觀察步道小溪邊，很容易發現正在覓食或求偶的螢火蟲。

數百萬隻蝙蝠出洞奇觀。

史前人類穴居處─風洞

　　風洞及清水洞導覽，為姆祿山國家公園每日上午最受歡迎的行程之一，上午 08:45 或 09:15 準時出發，共同搭著長舟沿著美力瑙河前往目的地，中途還會經過一個本南族的峇都布南（Batu Bungan）部落市集。下長舟後，抵達風洞前，得先走一小段木棧道。風洞內的步道約 350 公尺，因為走進洞內可感受到涼風而得到了「風洞」的名字。1971 至 1981 年間，砂勞越博物館曾和皇家地理學會（Royal Geographic）在風洞內進行考古，發現到和尼亞洞一樣的考古出土物。

　　1981 年發現風洞擁有一座全世界最大的封閉空間「砂勞越殿堂」（Sarawak Chamber），這座殿堂位於風洞系統的好運洞洞室內，長為 600 公尺，寬為 415 公尺，高約 100 公尺，不過要探訪「砂勞越殿堂」得報名進階洞穴探險活動，行程也較有挑戰性。

參與風洞及清水洞的導覽費為 RM65 ／人（含嚮導費）。

最長的東南亞岩洞系統─清水洞

　　清水洞擁有東南亞最長的地底岩洞系統，目前測量的長度約 180 公里；地下伏流長度則是目前世界最長，長度約 102 公里。走在清水洞的步道上，可以聽到清水洞地下伏流嘩嘩的水聲，洞內的「少女洞」是此處知名的石筍景點，陽光從天窗灑下讓清水洞充滿大自然神聖的氛圍，有人說這裡的水擁有讓人回復青春的魔力。根據調查，活動於此處的生物有螃蟹、克氏盲鬍鯰、蟋蟀、鳥、蝙蝠等。

　　清水洞外有廁所、野餐區及非常漂亮且清澈見底的水潭，四周雨林巨木環繞，潭裡的魚群數量非常的多，是行程尾聲後的最佳休憩及放空景點。

清水洞景觀。

清水洞內少女洞附近的少女造型石筍。

清水洞外清澈見底的水潭。

住宿資訊

姆祿民宿（Mulu Backpackers Homestay）

這家民宿距離機場走路不用 3 分鐘，老闆是加拉必族人（Kelabit），老闆娘為巴拉灣族人，在此的住宿費用皆含早餐。姆祿民宿是間專營背包客的民宿，房型有雙人雅房及 3 人雅房，雙人雅房費用每晚約 RM45。姆祿民宿環境整理的非常乾淨，盥洗設備皆在室外，也有可曬衣服的地方；大冰箱裡有賣罐裝飲料，若買飲料時老闆不在現場，則可在櫃檯的本子上註記所購買的飲料及自己的名字，退房時再一起結算。發電機在晚上六點後才開始運作，白天只有微量的電力。

姆祿山國家公園總部內也有住宿地點，共可容納 80 人，客房設有沏茶和咖啡設施，有的客房還附設了空調。宿舍型的房間共有 21 個床位及幾個共用浴室。另外，若想要住較高檔的飯店，可以考慮姆祿皇家渡假村（Mulu Marriott Resort & SPA）。

姆祿民宿是個環境非常舒適的背包客民宿。

姆祿民宿的房間。

INFO

姆祿民宿（Mulu Backpackers Homestay）

🏠 98050 SARAWAK MULU, BARAM（位於姆祿機場出口右側不到 3 分鐘的路程）

📞 002+60+11-352-41007（老闆）；002+60+12-871-2947（老闆娘）

✉️ mulubackpackers@gmail.com

姆祿皇家渡假村（Mulu Marriott Resort & SPA）

🏠 Sungai Melinau, Mulu P.O. Box 1145,Miri, 98008 Sarawak, Malaysia

📞 002+60+85-792388

✉️ mhrs.myymu.fom@marriotthotels.com

🖥️ mulumarriott.com

交通資訊

前往姆祿國家公園的交通方式

若要抵達姆祿國家公園，到美里機場搭乘馬航飛翼航空（MASwings）是最方便的選擇，建議在出發前一個半月先訂好機票，因為從美里到姆祿國家公園機場的飛機為小型飛機，座位少，航班也不多。抵美里機場，先掃描行李，再找左側馬航飛翼航空的櫃檯辦理登機相關事宜，登機處在最底的第五登機門，美里至姆祿的飛行時間約 30 分鐘。姆祿機場出口右方開始步行到姆祿國家公園的路程約 10 到 15 分鐘，這段路程間，有多家背包客民宿可以一一挑選。

姆祿機場。

美里往姆祿的小飛機。

樹頂吊橋、夜觀、本南族市集
姆祿山國家公園

　　姆祿山國家公園（Mulu Caves National Park）主要可劃分為占總面積 90% 以上的荒原區，另一個區域則規劃為旅遊區，砂勞越林業公司內的「保護區與生物多樣性部門」則負責管理保護區的部分。姆祿山國家公園內的陸地普遍是在冰河時期後期才抬升於海平面之上，這裡的動植物演化狀態是持續的。園區內目前有 17 種不同的森林類型，主要的四種森林型態為龍腦香混合林、巽他荒原森林、泥炭沼澤森林、山地森林，動植物環境仍保持原始的樣貌。

聚居在國家公園境內河流沿岸的本南族村莊。

　　姆祿山國家公園的生物多樣性非常豐富，植物種類約 3,500 種以上，包含：開花植物約 2,000 種以上、蘭花 170 種、豬籠草等囊葉植物 10 種以上、蕨類 450 種、苔蘚 1,700 種、真菌 4,000 種等，其中「藤蔓類植物」是園區內的原住民族群處理日常生活事物重要的原料之一。園區內的動物生態也很活躍，哺乳類動物約 80 種以上，包含了世界上最小的哺乳類動物「小鼩鼱」、馬來月鼠、獼猴、婆羅洲鬚豬、婆羅洲長臂猿等，其他動物則有鳥類 270 種、蛇類 25 種、兩棲類動物 75 種（含 23 種蜥蜴）、魚類 320 種、昆蟲 2 萬多種。

　　位於峇南河流域中上游的姆祿山國家公園，也是許多內陸原住民族群的傳統領域，包含了園區北部的倫巴旺族（Lun Bawang）、摩祿族（Murut）、伊班族（Iban）；園區東南部的加拉必族；園區南部的巴拉灣族；生活於園區南部及國家公園邊界的本南（Penan）；以及人數也非常稀少的 Kiput 族、沙板族（Saban）、色柏族（Sebob）。國家公園允許在地原住民可在園區內的特定區域狩獵，或是採集森林自然資源。

世界最長的雨林樹冠層吊橋—姆祿樹冠層天空步道

　　姆祿樹冠層天空步道（Mulu Canopy Skywalk）是目前世界上最長的樹冠層吊橋，長約480公尺，架設在距離地面約20至30公尺高的樹冠層之上，是觀察姆祿山國家公園樹冠層生態樣貌的最佳所在，還可眺望附近的河流森林及石灰岩山脈。若要參與這裡的樹冠層吊橋導覽，到了姆祿山國家公園辦公室後要提早登記，因為一天5趟（每趟導覽限制在8人內，費用RM 45.00／人，含嚮導費）的樹冠層吊橋導覽時間，超過此時間且沒有國家公園嚮導帶領的情況下，吊橋入口及出口處是關閉的狀態。

　　非常狹窄的樹冠層分了幾段，高聳粗壯巨木上的小塔台是每段吊橋間的轉折點，每段吊橋每次最多只能站2人，每座樹塔最多只能站4人，離地面最高處據說可達40公尺，走在吊橋上不時可以看到世界上最小的松鼠、鴿子、竹節蟲、猴子，若運氣好，這裡也有機會觀察到飛蜥及犀鳥。

世界最長的樹冠層吊橋。

紅翅穗鶥是婆羅洲平地常見的鳥類，屬於畫眉科穗鶥屬，會發出像狒狒般「ho ho ho ho ho ho」的聲音，喉嚨兩側有藍色的斑塊。

賞鳥塔尋鳥蹤

姆祿山國家公園內的賞鳥塔是個靜觀樹冠層動植物生態的好去處，國家公園內的解說員對於園區內的鳥類生態也非常瞭解。清晨五點至八點間或者是傍晚五點至八點間，可以向靠近吊橋旁的辦公室借用賞鳥塔鑰匙（須交付 RM50 的鑰匙保管費，鑰匙歸回後會退回）。從國家公園的售票中心開始，沿著紅白色標示的路線牌走並且注意路名，大約走十分鐘即可抵達進入賞鳥塔前的路徑鐵門，將鐵門推開即可看到高達 75 公尺的賞鳥塔。賞鳥塔約有五層樓高，每層樓皆有可賞鳥及休憩的座椅與窗口，讓賞鳥者有機會接觸活動於不同高度的鳥類等動物。

每當無花果的產季到來時，若時間點抓對，除了可以看到活躍於大樹枝幹間的松鼠外，也有機會看到長尾獼猴或長臂猿，運

免費的賞鳥塔，可向國家公園的櫃檯借鑰匙。

氣好的話還可觀察到前來覓食的犀鳥。前來賞鳥時，請盡量別製造太多的聲響及降低音量，才有機會看到較多的動物。

姆祿小徑的夜間生態觀察

天氣好的晚上，在 19:00 及 19:30 皆各有一場約兩小時的夜間生態觀察，這段路程走在 1.5 公里的木棧道上，生態經驗及知識豐富的導覽員可以很輕易地將隱身於各處的小動物現身於眼前（費用 RM 22.00 ／人，含嚮導費）。導覽員帶領大家沿著巽他荒原森林裡的小溪流上方步道走著，兩棲類、爬蟲類動物、螢火蟲隨處可見，仔細注意步道旁的欄杆，會發現欄杆

也成了原區小動物的通行道路，蝴蝶、蜘蛛、竹節蟲、螞蟻、甲蟲、蜥蜴皆會不時地出現在欄杆上，難怪解說員常會提醒：「手不要摸欄杆！」。

在欄杆上的竹節蟲。

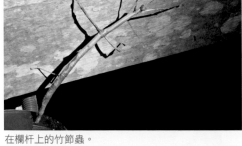

青蛙。

河畔的本南族部落─峇都布南部落市集與仙女傳說

前往風洞及清水洞的航程，會先經過美力瑙河中游的本南族部落峇都布南，距姆祿山國家公園入口碼頭的航程約 15 至 30 分鐘。Batu 的意思是石頭，Bungan 是一位美麗仙女的名字，Batu Bungan 是紀念死在此處石頭山的美麗仙女而取的地名。本南族人是砂勞越的遊牧民族，會依據哪裡有生長西谷米樹當作新居所的考量，習慣將住家簡單地蓋在樹上一公尺高以上的地方。直到 1990 年代，砂勞越州政府在峇都布南蓋一棟現代化的永久長屋之後，逐漸改變在地本南族的游牧生活。

位於峇都布南的本南族人長屋區與國小。

　　峇都布南有間國小及診所，原本信仰 Bungan 神的族人於 1950 年代開始改信基督教。姆祿山國家公園將「參訪峇都布南部落」的行程列為前往風洞及清水洞行程的賣點之一，旅客到訪此處時，由年輕的本南族女孩接待大家前往部落內的手工藝市集。這裡仍可看到擁有雙大耳洞的本南族老婦人在此擺攤，販售本南族非常聞名的手工編織藤籃和藤墊、以竹子製作的鼻笛；但這裡所販售的彩色串珠飾品或錢包，並非本南族人原有的工藝文化。

峇都布南的本南族人市集與穿著大耳洞的吹鼻笛老婦人。

吃在姆祿

　　姆祿背包客民宿的房價含早餐，午餐或晚餐則要另外預定。國家公園內有間姆祿咖啡廳，整個姆魯國家公園只有餐廳以及國家公園售票處收的到 Wi-Fi 訊號，Wi-Fi 要向售票處另外購買，每日費用 RM5，用餐的旅客大部分也會耗許多時間使用 Wi-Fi 和外界聯繫。餐廳內的飲食費用較高，但餐點選擇多樣化，販售著點心、午餐、晚餐、麵類、非亞洲人習慣的食物、小菜、冷熱飲等。

　　國家公園入口處旁左側有間 Good Luck Cave`Fe 餐廳，這裡的餐飲費用較便宜，但無 Wi-Fi 可使用。用餐時間為每日的 11:30 ～ 15:30 以及 17:00 ～ 24:00，餐點有哥羅麵、米粉湯、LAKSA、牛肉飯、奶茶、汽水等選項，若想節省餐費，這間餐廳可以考慮。

Good Luck Cave`Fe 餐廳販售的餐點也有飯、麵、米粉等中式餐點。

婆羅洲的 生態小旅行

探訪長鼻猴、螢火蟲
威士頓紅樹林生態保護區

　　威士頓紅樹林生態保護區位於沙巴州南部保佛鎮（Beaufort）的威士頓濕地（Weston Wetland），在沙巴州第二長河「Padas 河流域」的出海口附近，是一大片紅樹林，非常適合長鼻猴及螢火蟲活動。1896 年時，來自英國的工程師 Arthur J. West 曾在保佛鎮興建北婆羅洲鐵路，威士頓小鎮是這條鐵路的終點站，到了現代則是個生態、歷史人文兼具的小鎮。

　　參與威士頓濕地生態之旅的旅客，大部分會報名沙巴州在地旅行業者的套裝行程，從亞庇市區搭兩個多小時的遊覽車抵達威士頓紅樹林生態保護區，一路上會經過賣巧克力、水果或在地名產的土產店。

亞庇往威士頓濕地車程可見一片片綠油油的稻田。

威士頓保佛村的汶萊馬來人水上村。

汶萊馬來人村莊裡的紅樹林──威士頓濕地

　　威士頓保佛村是汶萊馬來人的村莊，這裡的馬來人「干欄式」建築興建在生長紅樹林的暗紅色河流上，各家戶以橋梁互通。主要橋梁旁有小碼頭、遊艇、漁船，橋梁邊隨處可見正在曬太陽的魚乾、蝦米、漁網。

道地的汶萊馬來式餐點

　　抵達威士頓濕地後，可到餐廳品嘗道地的汶萊馬來式下午茶及晚餐，餐點有炸樹薯、灑滿椰子粉的馬來式糕點、不同料理方式的魚及雞肉、時蔬、白飯、炒米粉等。

撒上椰子粉的馬來式糕點、炸樹薯、炒米粉（由右至左）。

啪達斯河的紅樹林—
尋長鼻猴、海口觀日落

「紅樹皮」是馬來人對於紅樹林樹皮的
稱呼，可以製作成染料，嫩葉及種子皆是長
鼻猴的主食。長鼻猴只生長在婆羅洲的紅樹
林濕地，是瀕臨絕種的動物，喜歡活動在紅
樹林的樹梢，不能吃香蕉等甜食。腳趾間有
蹼，非常會游泳；肚子胃室多，但不會反芻，
使得長鼻猴有著大肚子的外觀。年紀越大的
公猴鼻子越長，母猴的鼻子則是尖尖的。

啪達斯河流域除了長鼻猴以外，較易
觀察到的猴子種類有全身毛髮如銀色般的銀
葉猴，以及被稱為食蟹獼猴的長尾獼猴；只
不過，長尾獼猴被國際自然保護聯盟物種存
續委員會（ISSG）認定為世界百大外來入侵
種，因為繁殖力強且易衝擊在地生態，較不
討喜。另外，啪達斯河流域也有許多鱷魚，
Cemcem 參與行程期間，在地人還抓到隻小
鱷魚。

銀葉猴。

樹梢上的母長鼻猴。

長尾獼猴。

046

美麗的 Padas 河出海口落日。

　　黑夜來臨前，船夫帶大家前往帕達斯河出
海口看日落，此時河水緩緩微風徐徐，夕陽從
紅樹林及出海口間的地平線落下，餘暉讓整個
河面在靛藍色、靛紫色間變化，非常唯美。

小鱷魚。

帕達斯河之夜──點綴紅樹林的螢火蟲

　　夜間乘船觀察螢火蟲的時間約半小時，在地導遊説，帕達斯河的螢火蟲是世界最小的螢
火蟲，能否看到壯觀的螢火蟲景觀，取決於天氣及月亮的望與朔。若想欣賞滿樹螢火蟲的盛
況，請抓準農曆的月初或月尾天氣好的夜晚。需注意的是，觀賞螢火蟲不能用相機閃光燈或
手電筒強光干擾螢火蟲，若需要用到手電筒或閃光燈，建議隔層紅色玻璃紙，以降低強光對
於螢火蟲的影響。

 TIPS

沙巴州生態導覽推薦

　　沙巴州亞庇市區有許多間生態導覽旅行社，而特優旅行社（Excellence Eco-Tours）在臺灣人的口碑
裡是品質最好的其中一家，參訪威士頓生態巡禮 + 馬來鄉村（長鼻猴 + 螢火蟲）的行程費用為 RM180，
亞庇市區的加雅街上也有特優旅行社的店面。RM180 的行程費用包含去回程交通、下午茶、晚餐、導覽
解說費、保險費、救生衣、搭船尋找長鼻猴及螢火蟲的船資等。

特優旅行社（Excellence Eco-Tours）
🏠 Lot A, 1st Floor, 3 Stories Shop, Taman Hing, Jalan Nosoob, 88300 Penampang, Sabah, Malaysia
📞 002+60+88-710702／802
✉ excellence_tour@hotmail.com

婆羅洲

熱帶雨林探索中心

　　熱帶雨林探索中心（Rainforest Discovery Centre，RDC）位於沙巴州山打根省西必洛的卡比力—西必洛（Kabili-Sepilok）森林保留區內，成立於 1996 年，原本是處只開放給學校的環境教育中心，2007 年 8 月時才向一般民眾正式開放。這裡除了可以觀察熱帶雨林內的各種植物以外，也是世界各國賞鳥者喜愛到訪的婆羅洲賞鳥勝地之一。

　　園區內規劃了樹冠層吊橋、發現植物公園、西必洛神木、叢林池塘、數十公尺高的賞鳥塔、雨林探索路徑、咖啡廳、紀念品店等，並且依植物的特性設置了豬籠草、婆羅洲原生種蘭花、水生植物、藥用植物、蕨類等植物園區，園區內的樹種以沙巴州盛產的龍腦香科植物為主，例如：馬拉賽羅雙木、小茸毛塞羅雙木、娑羅屬、淺紅娑羅雙木等，也是東南亞主要的木材來源。

熱帶雨林探索中心入口處。

TIPS

探訪夜間活動的雨林小精靈
　　想要一探眼鏡猴、鼠鹿、麝香貓、爬行類動物、各種竹節蟲等夜間生態樣貌，可以報名參加每週一、三、五晚上 18:00 ～ 20:00 在園區內舉辦的夜間生態觀察，旅客可先和售票處付費報名，晚上 18:00 在售票櫃檯報到。導覽時間為二小時，費用為每位成人 RM30 元（5 ～ 17 歲小孩票價為 RM15 ／人），每增加一小時多收 RM15 ／人。每隊夜間生態觀察人數控制在 4 ～ 10 人間，一人獨自參與得自付 RM120。

探索雨林小徑

　　園區內有 13 條雨林探索步道及小徑，園區所舉辦的生態觀察體驗或夜間生態導覽皆在此進行，其中有一條長約 6.3 公里的 Kebili 步道得向園區另外申請許可證才得以進入。走在綠蔭遮天的樹冠層底下，仔細觀察可以發現到許多隱匿在雨林底層或樹叢裡的小動物，或者是聞到有哺乳類動物在附近的味道，感受熱帶雨林裡的生機盎然。園區內所規劃的 13 條路徑如下：

1	環湖步道（790m）
2	啄木鳥大道（223m）
3	Belian 步道（410m）
4	Pitta 步道（1.9km）
5	Ridge 步道（62 0m）
6	翠鳥步道（543m）
7	Belian 步道（410m）
8	Pitta 小徑（1.9km）
9	眼鏡猴小徑（700m）
10	鼠鹿小徑（481m）
11	西必洛神木支線（670m）：西必洛神木在這條路徑的中段
12	Kebili 步道（6.3km）
13	巽他荒原森林路徑（Kerangas forest patch）：伊班語 Kerangas 的意思是「無法種植水稻的地方」，這是因為巽他荒原森林的土質以酸性的砂質土為主

漫步在園區內的雨林小徑非常療癒。

熱帶雨林探索中心的步道標示相當清楚。

架設於樹冠層間的鋼構吊橋。

爬上賞鳥塔，可以觀察生活於樹冠層頂端的鳥類。

從賞鳥塔瀏覽園區內的景觀，可以發現到熱帶雨林裡的原生樹木非常高聳。圖中下方可看到園區內的湖泊及湖面上的吊橋。

漫步樹冠層吊橋、賞鳥塔

　　若要觀察在樹冠層間活動的動物、鳥類生態，樹冠層吊橋及賞鳥塔是很好的觀察地點。熱帶雨林探索中心的樹冠層吊橋長約 347 公尺、寬為 2 公尺，最高處有 25 公尺，設有名為棘毛伯勞塔、咬鵑塔、犀鳥塔等幾座賞鳥塔、太陽鳥庇護所，賞鳥塔及樹冠層吊橋的造型特殊，但也和熱帶雨林自然地融為一體，是東南亞少見的建築結構。

在樹冠層活動的哺乳類動物

　　清晨或將近黃昏時,走在樹冠層吊橋上,較容易發現到尾巴尖端細長、頭如戴頂深褐色或黑色小帽的「豬尾獼猴」或紅毛猩猩;豬尾獼猴時常在此出沒玩耍,立在吊橋上的解說牌時常被玩壞掉,紅毛猩猩則喜歡在附近找食物。看到猿猴類哺乳類動物時,請不要靠近或觸摸牠們,因為人類的傳染病有可能會影響到這裡的猿猴類生態,而牠們的抗體也可能也無法阻擋人類的傳染病。

　　婆羅洲最大型的飛鼠及巨松鼠活動於樹冠層,清晨或傍晚從吊橋往樹冠層裡尋覓,不難發現牠們的蹤跡。巨松鼠和大型的貓體型差不多,尾巴比身體還要長,以種子及果乾為主食,叫聲響亮且獨特。

豬尾獼猴的尾巴尖細,頭頂有塊棕色或黑色的毛,就像頭戴頂帽子一樣。

巨松鼠是婆羅洲最大的松鼠,「嘎嘎」般的叫聲很奇特。

051

熱帶雨林探索中心的鳥類生態

西必洛熱帶雨林探索中心已記錄到的鳥類有三百多種，樹冠層吊橋是絕佳的賞鳥位置。在園區內常見的鳥類有五種，如：黃腹花蜜鳥、褐喉花蜜鳥、綠雀鵯、橙腹啄花鳥、白頂鵲鴝。

黃腹花蜜鳥屬於較常見的太陽鳥，母鳥長相和褐喉花蜜鳥相似，可以分辨的地方在眼睛上方的標記以及白色尾羽；褐喉花蜜鳥是園區內第二常見的鳥種，在耕作區、公園、森林裡常有機會看到，沒有白色的尾羽。綠雀鵯常和白頭翁或啄花鳥科的鳥類在樹叢裡覓食；橙腹啄花鳥多為小團體行動，喜歡在園區的花朵內吸取花蜜。

難得一見的婆羅洲棘毛伯勞

婆羅洲棘毛伯勞是婆羅洲的特有種，活動範圍可從低地森林到海拔 1,200 公尺左右的山區，熱帶雨林探索中心也是婆羅洲棘毛伯勞的活動場域，數量稀少又容易受驚嚇，很難見到廬山真面目，世界各國賞鳥者到熱帶雨林探索中心最大的驚喜，就是可以看到婆羅洲棘毛伯勞。婆羅洲棘毛伯勞是棘毛伯勞科的唯一鳥類，是沙巴州最獨特的鳥類之一，通常 5～10 隻小群體在樹冠層中間覓食，主食為昆蟲。

喙如牛角的犀鳥

犀鳥的喙像牛角，有些品種的喙色彩鮮艷，因為長相有特色，也是賞鳥者期望可在園區內觀察到的鳥類。世界上有 57 種犀鳥，從亞洲熱帶地區、菲律賓、一直到索羅門群島這段緯度上下的路線都是犀鳥分布的範圍，非洲的撒哈拉沙漠以南有九種不同的犀鳥分布。犀鳥大部分住在樹上，不過犀鳥中最大型的紅臉地犀鳥則在荒原的地面上活動。

沙巴州有八種犀鳥：馬來犀鳥、盔犀鳥、黑腹斑犀鳥、鳳頭犀鳥、巽他皺盔犀鳥、冠斑犀鳥、白冠犀鳥、花冠皺盔犀鳥。在熱帶雨林探索中心可以看到四種犀鳥：黑腹斑犀鳥、馬來犀鳥、冠斑犀鳥、鳳頭犀鳥。

母犀鳥要下蛋時，會進到樹洞中的巢穴，公犀鳥會以泥土及糞便封住樹洞邊緣，只留下一條能讓公犀鳥嘴喙通過的狹窄垂直縫隙，以餵食母犀鳥及雛鳥。犀鳥依據不同的品種，一次可下一至八顆白色的蛋，蛋的形狀有點類似長橢圓形。有些品種的母犀鳥在樹洞裡孵蛋時，會失去翅膀的羽毛，等到雛鳥學會飛行，母犀鳥才會離開樹洞；同一對犀鳥每年都會回到同個巢穴。

鳳頭犀鳥及白冠犀鳥有合作飼育的行為，牠們家族群體裡的成員會一起餵食在樹洞巢穴裡的母犀鳥及雛鳥；但有些品種的犀鳥，只有公犀鳥會獨自飼育自己的配偶及雛鳥，假設公犀鳥死了，母犀鳥及雛鳥也會因為缺乏食物而死亡。

熱帶雨林探索中心鳥類概要表

科	鳥種	科	鳥種
棘毛伯勞科	婆羅洲棘毛伯勞	王鶲科	黑枕藍鶲
咬鵑科	紅腰咬鵑、紫頂咬鵑	鶲科	黑喉縫葉鶯
蜂虎科	藍喉蜂虎、赤鬚夜蜂虎	鶇科	白頂鵲鴝
太陽鳥科	黃腰太陽鳥、紫頰直嘴太陽鳥	闊嘴鳥科	黑紅闊嘴鳥
和平鳥科	綠雀鵯	佛法僧科	佛法僧
葉鵯科	小綠葉鵯	啄花鳥科	橙腹啄花鳥
鵯科	黃臀灰胸鵯、紋綠背短腳鵯、白眼褐鵯、紅眼褐鵯、黑頭鵯	啄木鳥科	黃頸斑啄木鳥
犀鳥科	冠斑犀鳥、黑腹斑犀鳥、馬來犀鳥、鳳頭犀鳥	麻雀科	麻雀
翠鳥科	藍胸翠鳥、藍耳翠鳥、棕背三趾翠鳥、白領翡翠	燕科	洋燕
鴟鶚科	馬來魚鶚、褐林鶚	鴉科	黑冠噪鵑
鳩鴿科	綠鳩、小綠鳩、斑馬鳩、翠翼鳩、綠皇鳩、珠頸斑鳩、粉頸綠鳩	八哥科	爪哇八哥
扇尾鶲科	斑扇尾鶲	花蜜鳥科	棕喉花蜜鳥
卷尾科	大盤尾	雉科	百眼雉雞

熱帶雨林探索中心的鳥類圖鑑。

發現植物花園

　　熱帶雨林探索中心有個發現植物花園，面積大約僅一公頃，是園區內的核心區，水鳥及爬蟲類動物生態很豐富，常可以看到東方黑腹蛇鵜在湖邊覓食。

　　這裡也生長著多種的在地原生植物，例如：超過 250 種以上的原生種蘭花、耐旱植物、水生植物、豬籠草等，還有個賞心悅目的小湖泊及環湖步道，以及一座橫越湖面的吊橋。

發現花園的湖泊上有吊橋、涼亭。

覓食中的東方黑腹蛇鵜。

山打根婆羅洲賞鳥俱樂部、婆羅洲賞鳥節

　　山打根婆羅洲鳥類俱樂部成立於 2010 年，是個非營利組織，這個俱樂部主要促進鳥類保育以及經由舉辦教育、研究、休閒活動來認識鳥類的習性，俱樂部每年度會在熱帶雨林探索中心舉辦盛大的婆羅洲賞鳥節活動。

INFO

熱帶雨林探索中心（Rainforest Discovery Centre）

🏠 Rainforest Discovery Centre, PO Box 1407, 90715 Sandakan, Sabah, Malaysia

🕐 每日 08:00～17:00。展覽廳和植物發現花園 08:00～17:00，樹冠層步道和園區步道 08:00～20:00

💲 18 歲以上（馬來西亞公民 RM7，外國人 RM15）；5～17 歲（馬來西亞公民 RM3，外國人 RM7）；5 歲以下免費

🖥 forest.sabah.gov.my/rdc/index.html

在地住宿推薦

🐾 🏠 自然小屋—西必洛

　　若要到訪熱帶雨林探索中心，自然小屋—西必洛（Nature Lodge Sepilok）是不錯的住宿選擇，有男女生分棟的宿舍式床位，每人一晚含6％消費稅、早餐、10％服務費、線上訂房手續費等總費用為臺幣213.2元／晚，也有不同房型及房價的度假小屋。自然小屋—西必洛有自己的餐廳、停車場、辦公室、導覽行程等，女生宿舍房有三個上下舖，共六個床位，宿舍房的充電插座也算多，有冷氣、對外窗、地板是木質的。女生的盥洗室在房間隔壁，有四套乾濕分離的衛浴設備，整理的非常乾淨。

　　從這走到熱帶雨林探索中心約10分鐘，走到西必洛紅毛猩猩保育中心或馬來熊保育中心約20分鐘左右。

自然小屋—西必洛。

女生宿舍房有三張上下舖，空間寬敞。

INFO

自然小屋—西必洛（Nature Lodge Sepilok）

📍 Jalan Sepilok | Off Mile 4 Jalan Labuk, Sandakan 90000, Malaysia

📱 1. facebook.com/pg/NatureLodgeKinabatangan/photos/?tab=album&album_id=1225648450783912

　　2. facebook.com/NatureLodgeKinabatangan/photos/pb.453807134634718.-2207520000.1458045363./
　　1225648514117239/?type=3

交通資訊

🐾🚗 大眾交通方式

　　亞庇市區的長途客運北站 Inanam Sabah Terminal Bas Bandaraya（City Bas Terminal-North）往山打根方向的客運皆會經過西必洛，例如：東馬客運（Tung Ma Express）、SIDA 客運、Sairah 客運。以 SIDA 客運為例，客運一路會經過神山國家公園總部下方的公車站牌、坤達山、蘭瑙等地，中途會在一個名為 DESA 的景觀餐廳讓旅客休息 15 分鐘，旅客可在此上廁所、買食物。從亞庇搭 SIDA 客運往山打根的票價為 RM43，從神山國家公園總部搭往西必洛圓環路口的票價為 RM35。

上車前記得告知司機要去的目的地，司機才可以提醒旅客在正確的地點下車。

　　西必洛站的下車處前方有個圓環，下車點對面的路口即是前往西必洛幾個熱門景點的主要道路。走到圓環對面的主要路口處，若看到有車輛在那等待，可以和一同下車的外國人詢問是否一起搭車攤車資；若有三個人可以一起攤車資，每人的車資約 RM5 左右。

INFO

沙巴大眾運輸（Kota Kinabalu Bus Terminal）
malaysiasite.nl/kinabalubuseng.htm

西必洛圓環對面即是往熱帶雨林探索中心、紅毛猩猩保育中心、馬來熊保育中心的主要幹道路口，路口處若看到有空車在等待，可詢問是否搭往目的地。

京那巴丹岸河野生動物保護區，是東南亞面積最大的野生動物棲地。

京那巴丹岸河野生動物保護區

　　京那巴丹岸河野生動物保護區成立於 1997 年，總面積約 270 平方公里。京那巴丹岸（Kinabatangan）河全長約 560 公里，整個沙巴州有 23%的土地位於京那巴丹岸河的集水區範圍內，是沙巴州最長的河流，其中下游的河道是一大片原始混合林。這裡有紅樹林、石灰岩地形、沼澤區，是馬來西亞最大的氾濫平原，也是東南亞面積最大的野生動物棲地，為世界上最複雜的生態系統之一。據說京那巴丹岸河是從「中國河」音譯，Kina 就是 China，是因中國元朝時期的皇帝忽必烈曾將此處設行省之故。

京那巴丹岸河的雨林生態之旅

　　Cemcem 在京那巴丹岸河參與生態之旅期間，馬來人嚮導說以前來此地的華人是如何濫墾這裡的原始林，將木頭從京那巴丹岸河上游一船一船地運到中國，上游的生態受到嚴重的迫害，這也是為什麼看到的河流會呈現黃褐色的緣故。京那巴丹岸河上游許多動物的棲地受到迫害，使得許多野生動物被迫遷徙至中下游河岸兩側未被開發的森林生存，在地的馬來人嚮導在帶生態導覽時，會請船夫讓引擎盡量保持安靜，避免驚擾動物。

京那巴丹岸河上游的開墾，造成中下游的水質呈現土黃色。

　　在京那巴丹岸河航行時，很容易就可以聽到樹梢上的犀鳥鼓動翅膀時發出的特殊聲音，循著聲音不難尋找到牠們，也可看到東方黑腹蛇鷹等大型水鳥。會出現在河裡的動物有淡水

鯊、淡水魟魚、鱷魚也很容易在船上看到，紅毛猩猩、長鼻猴、侏儒象、巨蜥則是京那巴丹岸河的動物明星。

婆羅洲侏儒象

　　京那巴丹岸河流域的森林因棕櫚樹園區的開闢、動物棲地環境被破壞，整個婆羅洲大約僅剩下 1,000 頭左右的婆羅洲侏儒象，成為瀕臨絕種的野生動物。婆羅洲侏儒象的體積比亞洲象小一倍，只生存於婆羅洲，乾季時京那巴丹岸河氾濫平原的兩岸較易發現到牠們的行蹤。主要領頭的母侏儒象脖子上，會被研究人員掛上一台 GPS 追蹤器，供世界自然基金會（World Wide Fund for Nature，WWF）研究用。侏儒象是以母系為首的群居動物，只要找到領頭的母象，就可以在附近看到一小群的侏儒象。

東方黑腹蛇鷹。

領頭的侏儒象脖子上架設著世界自然基金會的 GPS 追蹤器。

牛軛湖裡的水風信子

　　京那巴丹岸河的牛軛湖沼澤也值得一探，清晨六點搭小船前往牛軛湖，此刻的河面仍攏上一層薄霧，朦朧裡的蘇高村恍如世外桃源。船緩緩地駛進支流，竹林兩側的長尾獼猴正在享用嫩葉，東方黑腹蛇鵜站在枯枝上專注盯著河面是否有小魚，長鼻猴已開始在紅樹林岸邊大快朵頤。支流河道不寬，船航行在狹窄的河道時，偶爾還會被低垂的枝葉打到頭，二十幾分鐘後，小船進到了牛軛湖區。

　　牛軛湖是曲流頸被切斷後和主河道分離所形成的湖泊。嚮導帶我們看的牛軛湖是一大片水風信子（也就是布袋蓮或稱水浮萍）蔓生植被的沼澤地，繁殖力非常強，會降低水質並造成環境汙染，對於臺灣河川而言是阻塞河道的兇手；但在這裡卻是生態旅遊行程最重要的景點之一，不曉得水風信子對於京那巴丹岸河的生態影響是什麼呢？

　　京那巴丹岸河的雨林生態非常豐富，運氣好的話，還可觀察到侏儒象或是紅毛猩猩，但是得注意別開啟相機的閃光燈及拍照的快門聲響，以免驚擾動物並讓自己置身於

生長於牛軛湖區的水風信子（布袋蓮）。

險境。嚮導提到，曾有遊客想近距離拍侏儒象，但相機的喀嚓聲及閃光燈嚇到侏儒象，因而發狂地衝撞這位遊客。另外，有好多棵高大的樹梢掛著紅毛猩猩的巢穴，生態環境有如臺灣的海岸山脈般，螞蝗、黃藤、姑婆芋、藤蔓、蕈類、馬陸、蝴蝶、甲蟲隨處可見。

在地的馬來人嚮導解說京那巴丹岸河的雨林生態。

牛軛湖沼澤區。

公的長鼻猴有大鼻子。

午後猿猴生態

下午三點後的京那巴丹岸河畔生態活躍，當小船從主流航向寧靜的支流時，一切所見的景觀就有如《Discovery》才有機會見到的畫面，數量眾多的長鼻猴、長尾猴、紅毛猩猩、幾隻趴在樹上身長約一公尺的大蜥蜴等，紛紛開始覓食。狹窄支流的河面上，不時可以看到幾座繩索架成的簡易便橋搭在河岸兩側的樹冠層上，那是方便讓紅毛猩猩渡河用的。

母的長鼻猴鼻子較尖且小。

支流岸邊的樹冠層上，架起讓紅毛猩猩可以走的橋。

小紅毛猩猩。

大蜥蜴看起來懶散地趴在樹上。

河面上的小鱷魚。

夜間生態之旅

　　夜晚的京那巴丹岸河有如《少年 PI 的奇幻漂流》的電影場景，月光下的河面生機盎然，繁星點綴的星空讓人在寬廣河面上有如片浮萍。馬來人嚮導非常瞭解在地動物的習性，只要跟隨著嚮導的指示觀望，在不同地方藏匿的翠鳥、蝙蝠、犀鳥、貓頭鷹、鱷魚等動物就會逐一地現蹤。京那巴丹岸河的鱷魚頗多，河面上浮出的雙眼若沒仔細看，還以為只是浮木撞上石頭產生的水花泡沫。河畔犀鳥生態豐富，隨處可見正在休憩的馬來犀鳥或者是白冠犀鳥。

美麗的翠鳥。

TIPS

Sukau Greenview Travel & Tours 的生態導覽

　　一個人獨自參與京那巴丹岸河三天兩夜套裝
行程的價錢為 RM654.70 元，這個費用也包含了
參觀西必洛紅毛猩猩保護區的相關費用、5 趟船
程導覽（第 1 天下午跟晚上、第二天的清晨到晚
上）、1 趟雨林導覽、2 天午餐、2 天晚餐、2 天
早餐、去程及回山打根機場或山打根市區。

Sukau Greenview Travel & Tours 專業的嚮導。

Sukau Greenview 的食宿與導覽行程

　　Cemcem 參與京那巴丹岸河生態之旅的行程，是向 Sukau Greenview Travel & Tours 預定，這是因為 Cemcem 首先從 Agoda 訂房網那訂到他們的 Sukau Greenview Bed and Breakfast，且兩晚的宿舍房含早餐及信用卡手續費的費用，換算成新臺幣總金額僅 504 元。查詢住宿地點的網站後，才發現這家民宿所經營的生態旅遊行程。

Sukau Greenview Bed and Breakfast 有多種房型可挑選。

🐾 Sukau Greenview Bed and Breakfast

　　宿舍型的房間非常寬敞、乾淨，裡面有五張舒適的上下舖床、兩間廁所、兩間淋浴間、但可以充電的插座好像只有一個。民宿提供的小木屋房型有雙人房一大床、雙人房兩小床、家庭房、大通鋪。這裡沒有提供熱水，只有冷水，建議洗澡在下午洗，因為晚上的熱帶雨林環境非常涼爽，洗澡時會覺得水溫是冰冷的。

Sukau Greenview Bed and Breakfas 的宿舍房。

─ INFO ─

Sukau Greenview Bed and Breakfas

🏠 W.D.T 270, Jalan Tepi Sungai, Kampung
Sukau, Kinabatangan, Sandakan,
Malaysia

📞 002+60+89565266，負責人 Jamal Lias
手機：002+60+138696922

✉ sukau_greenview@yahoo.com

🖥 sukaugreenview.net

🐾 吃在 Sukau Greenview Bed and Breakfast

　　從 Agoda 預定 Sukau Greenview Bed and Breakfast
時，費用已含了早餐，午餐及晚餐的費用則包含在
參與生態旅遊的行程內。餐廳位於民宿小木屋的對
面，位於京那巴丹岸河的岸邊，所以也是個可以靜
靜地觀察生態的好場地，老闆還在此處擺放幾本關
於婆羅洲鳥類生態、賞鳥圖鑑、京那巴丹岸河生態

Sukau Greenview Bed and Breakfast 準備的餐點。

攝影集等書籍讓旅客翻閱。民宿準備的午餐或晚餐的餐點有煎蛋、雞肉料理、四季豆、炒胡
蘿蔔絲、西瓜等水果、白飯、在地葉菜、紅蘿蔔燉肉、炸豆腐、炸春捲、蛋配燉番茄等，頗
有在地風味。

交通資訊

🐾 大眾交通方式

　　若要從山打根市區搭巴士前往京那巴丹岸河畔的蘇高村，可以在市區靠海邊的迷你巴士
站詢問，車資約 RM27。但山打根的巴士發車時間及沿途所經地點的資訊非常不明確。若預
算許可，建議還是搭在地套裝行程的包車，或者是尋找可一同前往的外國人共同包車攤車資
較保險。

尼亞國家公園

　　尼亞國家公園（Niah National Park）成立於 1974 年 11 月，面積約 3,138 公頃，尼亞洞位於其境內的尼亞蘇比士（Niah Subis），以舊石器時代的考古遺址及高品質大金絲燕的燕窩而聞名，是一處石灰岩山脈裡的石灰岩洞穴群。過去得從美里市區海邊搭船，再轉進西南方的尼亞河（Sungai Niah）才有辦法繼續前往目的地。現在有了美里至民都魯的道路，到訪尼亞洞的交通才方便許多。

　　尼亞洞的石灰岩塊生成於三千萬年前，一百萬年前因地殼抬升而出現，現在尼亞洞距離最近的海岸僅 16 公里。在 1855 年時華萊士（lfred Russel Wallace）曾抵達尼亞洞，他寫信告知達爾文（Charles Darwin）有考古的必要，但直到 1869 年才有英國考古學家前來。1954 年，砂勞越博物館的館長湯姆哈里森（Tom Harrisson）率領考古團隊來此進行考古，1958 年終於挖掘出一顆距今四萬二千年前的女子骷顱頭，年齡約 20 至 30 歲間，讓尼亞洞瞬間成為東南亞考古的重點區域。

尼亞國家公園總部，木牌下方的石頭浮雕仿製著早期壁畫洞先民所繪製的圖騰。

前往尼亞洞，需在國家公園總部搭船到對岸。

尼亞地區最早期的原住民據説是普南族（Punan），後來受到洪水侵襲而遷走。現在的尼亞地區是個由本南族、華人、汶萊人、伊班族、普南族混居的區域。權責管理劃分上，尼亞洞的洞穴由國家公園管理，遺址由尼亞考古學博物館（Niah Archaeology Museum）管理，燕窩採集事務則由森林部管裡。

INFO

尼亞國家公園（Niah National Park）

Niah National Park，距離美里市區約 96 公里，往民都魯市區約 118 公里

002＋60＋85-737450、736648、737454

外國人（成人門票 RM20）

尼亞洞開放時間：08:00～15:00

sarawakforestry.com/htm/snp-np-niah.html

尼亞國家公園的生態樣貌

無論是前往尼亞洞的森林步道或者是園區內的森林小徑，生態皆相當豐富。卡蘇山徑（Jalan Bukit Kasut）標記著白色及綠色，可以欣賞石南叢植被、伊班族人稱 Kerangas 的森林（意為無法種米「padi」之地）和陡峭的石灰岩地形景觀，以及這個山區的樹冠層樣貌，去回程約 4 小時。另一條馬都小徑（Jalan Madu）標記著紅色和白色，沿著 Subis 河岸經過沖激而成的泥炭沼澤林，這裡可以觀察到許多野生蘭花、菌類、露兜樹等植物，去回程約 2 小時。

尼亞國家公園的步道。

尼亞地區曾挖掘出巨鴿、大象、犀牛、馬來貘、老虎、鼬獾等化石，但許多動物現今已在尼亞地區消聲匿跡。現在尼亞國家公園可以觀察到的鳥類有鶉科、咬鵑科、犀鳥、鵑鵑、蝠鷹、馬來魚鴞、洋燕、家燕、赤腰燕、粉頸鴿、赤鬚夜蜂虎，其他動物可以觀察到長尾獼猴、婆羅洲鬚豬、鼠鹿、眼鏡猴、松鼠、飛蜥。尼亞洞也是世界第一個蠅的保護區，蠅寄宿在蝙蝠身上，以蝙蝠脱落的皮膚為食。

若居住於伊班族「張」長屋（Rumah Chang），晚上可至附近步道觀察會發光的真菌。這裡的石灰岩地質所生長的植被有鳳仙花屬、海棠屬、無花果樹、龍腦香樹林，還可以看到大甘巴豆樹（Sialang，學名為 Koompassia Excelsa），是世界上最高的樹種之一，據説高度可達 80 公尺以上，樹幹非常光滑，許多動物都無法爬上去。

大金絲燕的高品質燕窩產地—尼亞洞的「偉大的洞」

砂勞越有爪哇金絲燕、大金絲燕、苔巢金絲燕、白腹金絲燕、瀑布雨燕等五種金絲燕，但只有爪哇金絲燕、大金絲燕及白腹金絲燕所築的燕窩才有食用或藥用的商業價值，大金絲燕的燕窩又因可以食用兼藥用，收購價格最高。不過，上述的燕子自 1988 年開始皆受到野生動物保護法的保護，早期尼亞洞的燕窩也僅來自於「偉大的洞」。

「偉大的洞」在 1931 年時，成為砂勞越最大的大金絲燕窩產地之一，全年平均可產18,500 公斤的燕窩，占了整個砂勞越州 70％以上的產量。1935 年時，尼亞地區的燕子約有一千七百萬隻。每年主要採集燕窩的季節在農曆一月至三月和八月到十二月，尼亞洞高度平均六十公尺左右，因而在這裡採燕窩至少二人一組，一位負責攀爬竿子刮岩洞頂端的燕窩，另一位撿拾由竿子刮落到地面的燕窩，竿子的材質主要以婆羅洲鐵木製作，可以使用數十年之久。

早期湯姆哈里森的妻子芭芭拉哈里森（Barbara Harrisson）在尼亞洞考古時，曾發現早期刮燕窩的工具和來自中國唐、宋朝時期的文物。根據文獻記載，最早的華商是來自汶萊的

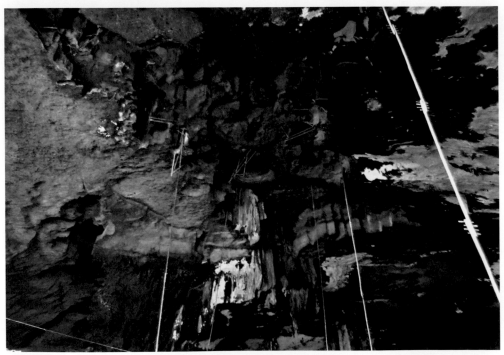

一根根的竿子，是採燕窩人們必須攀爬的設備。

Moh Khim，曾有位名為 Nyerulang 的本南人狩獵至此地時發現了尼亞洞及燕窩，Moh Khim 告訴 Nyerulang 燕窩可吃也可以做交易，開始吸引許多慕名而來的燕窩收購商。之後，主要的燕窩採購者以華商為主，他們聘僱在地的普南族或者是伊班族採收或是守護燕窩。

1905 年時，峇南的民政官 R.S. Douglas 公告，尼亞洞擁有燕窩的洞穴都已完成登記，進行燕窩貿易時，所有權人需要拿出證明文件，以避免糾紛。1940 年，砂勞越政府頒布《燕窩條例》，規定只有原住民才可擔任採收燕窩權的所有人，燕窩採收、販賣的主管是砂勞越博物館的館長；1990 年所制定的「野生物保護條例」將採收燕窩交易的核發權交給森林部管理。時至今日，尼亞洞的所有權登記仍屬於不同的普南族或馬來人家族所有。

尼亞國家公園於 2001 年時提出「共同管理食用燕窩計畫」，認為社區的參與才是保護金絲燕的關鍵，燕窩的收成則靠著利益相關者間有系統的合作及管理。計畫最終目的，是希望可以增加金絲燕的數量，也讓採集可食用燕窩的行業可以被長期經營，並且在金絲燕的燕窩採集及保育間達到平衡。計畫規定在每年金絲燕繁殖期，尼亞洞必須停止採集燕窩四個月，讓金絲燕可以完成生育週期；過了金絲燕繁殖期後，在地居民才可以繼續採集燕窩販賣。

欣賞尼亞洞考古文物—尼亞考古博物館

尼亞考古學博物館興建於 1998 年，位於尼亞河畔前往尼亞洞的路口處附近。這裡的展示品大部分來自於尼亞洞西口挖掘出來的新石器時代三色陶器、雙耳壺陶器、石器、貝殼（工具及食物）、骨頭（工具及食物）、超過 200 件以上的數千年前人類陪葬物、在地普南族和伊班族文化等相關文物。

尼亞考古博物館內，展示許多早期在地居民和華人進行燕窩貿易後所遺留的文物。

─INFO─

尼亞考古學博物館（Niah Archaeology Museum）

🔘 位於 Pangkalan Lobang 村，在尼亞國家公園總部對岸，前往尼亞洞的步道右側

📞 002＋60＋85-438516

🕐 休館期間：週一、公眾假期的第一天、馬來西亞國慶日。開放時間週一至週五（09:00～16:45）、週六及週日、公眾假期（10:00～16:00）

燕窩商的暫居所—貿易者之洞

貿易者之洞（Gua Dagang）是個高約七到十公尺，縱深五十公尺，寬約二百公尺的岩洞。根據史料記載，自從知道尼亞洞生產大金絲燕等高品質燕窩開始至 1985 年期間，每當採收燕窩的季節到來，貿易者之洞也就成為了採購燕窩商人的聚居地。他們以婆羅洲鐵木（Belian）為建材，在此興建幾間無屋頂但有隔間的干欄式暫居所，附近還可以看到以前採燕窩人們所留下的兩座水井，位於上方的水井是日常生活飲用水，位於下方水井則是用來洗澡或者是洗其他東西等。

前往貿易者之洞的階梯。

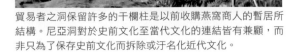

貿易者之洞保留許多的干欄柱是以前收購燕窩商人的暫居所結構。尼亞洞對於史前文化至當代文化的連結皆有兼顧，而非只為了保存史前文化而拆除或汙名化近代文化。

「偉大的洞」的西口非常寬大，此處曾發現許多考古遺址。

巨大的洞口—發現舊石器時代遺骸的西口

　　「偉大的洞」是尼亞洞的最大洞，地板面積約 10.5 公頃，最高處約 60 公尺，最寬處 250 公尺，還包含了骨骼洞（Lobang Tulang）、燒焦洞（Lobang Angus）、西口（Lobang Kuala）等空間，停放幾架波音 747 都不是問題。砂勞越博物館於 1954 年首次在西口進行考古，1977 年進行了第二次調查。經由考古判斷，在冰河時期更新紀之前（160 萬到 1 萬年前），婆羅洲、蘇門答臘、爪哇和亞洲大陸之間的淺海，有乾燥的陸地可通行，史前時代的人類、動物、植物經由此處往來遷徙。四萬二千年前，開始有人類居住在氣候涼爽且乾燥的尼亞洞。

　　尼亞洞的人們開始在一萬兩千年至三萬年前的舊石器時代，使用粗糙的工具進行食物的採集、狩獵，也知道用火；二萬年前仍然有人類被埋葬於此；一萬二千年前開始以削尖的卵石製造切削工具；六千年前開始製造精緻的工具且會磨製石斧；五千年前開始製造經過裝飾的陶器、墊子、網子，或者是將往生者的頭骨放在彩色的陶器裡。二千二百五十年前或是一千三百至二千二百五十年前，青銅器文化傳入婆羅洲；鐵器文化則是在一千三百年前傳入。

和臺灣花蓮豐田玉相似的耳環

　　蒂祖萊娜瑪吉（Siti Zuraina Majid）在 1977 年 3 月 29 日時，曾於西口過往埋葬先人之處的地表 15 公分以下，挖掘到一個玉耳環（ling-ling-o）。根據礦物成分判斷，和尼亞洞北方 2,500 公里處的臺灣花蓮豐田軟玉相似，類似的軟玉也在菲律賓的巴丹島及巴拉望群島發現。

考古現場─骨骼洞

　　骨骼洞是尼亞洞目前的考古現場，曾挖掘出大量的中國唐、宋、明時期的瓷器、陶器、金屬片、舊銅錢等器物，也挖掘到史前人類遺骸、骨器、石器、貝殼、玉器等。

當陽光從尼亞洞天窗穿透時─燒焦洞

　　沿著西口東側的樓梯往上爬，再順著階梯往下走，沒多久可抵達燒焦洞，但這段路程沒有任何照明，需要有頭燈或手電筒才有辦法前進。燒焦洞就像是「偉大的洞」裡的一塊小天窗，中午時刻是欣賞燒焦洞光線灑落在巨大的石灰岩柱上的最佳時刻，非常讓人嘆為觀止。

骨骼洞，是尼亞洞仍在持續進行考古的所在。

燒焦洞是「偉大的洞」的美麗天窗。

月洞的出口。

蝙蝠、金絲燕聚集處──月洞

月洞（Lobang Bulan、Lobang Gan Kira）也是許多蝙蝠及金絲燕的聚集處，前往月洞的路程一片漆黑，需要手電筒照明，且月洞的步道濕滑，走起來須格外的小心。

窺探千年壁畫、神秘船型棺木──壁畫洞

壁畫洞（Kain Hitam）距離尼亞國家公園總部約 4.1km，位於一處獨立的小型石灰岩地形內，也是尼亞洞之旅的最精彩之處。1958 年時，芭芭拉哈里森在壁畫洞進行考古時，發現牆上有著 50 公尺長的古老壁畫，以赤鐵礦或者是植物染料調製的顏料繪製超過 100 個以上的紅色圖騰。除此之外，還發現地面上放置著承載遺骸的船型棺木，船首斜桅上皆有特殊的圖騰雕刻，經由炭 14 鑑定，這些船製作於 2,300 年至 1,045 年前。這些圖畫或者是船型棺木，也許指涉著死後世界的旅程。

壁畫洞位於一處獨立的石灰岩塊內。

壁畫洞裡越來越不清楚的紅色染料壁畫。

壁畫洞的船型棺木遺跡。

名字是「張」的伊班族長屋

　　前往尼亞洞口的階梯下方鐵門處左側，有條叉路可前往名字叫做「張」的伊班族長屋。叉路口有處涼亭，在地的伊班族人偶爾會在此販售紀念品、飲用水、伊班傳統美食等，從此處前往長屋的路程約 10 分鐘。抵達長屋區，首先映入眼簾的是由木製觀眾席長椅圍起來的小池，小池後方有公廁、小學，左方有木板鋪的小路可前往長屋建築的主體。

張長屋的部落入口。

張長屋的外觀。

　　這裡的伊班族人大約是七十多年前從民都魯遷徙過來的，目前這裡有兩座 1992 年期間改建的長屋，戶數共 73 戶，屋長名字為 Patrick Libau。當代的長屋也經營著民宿，許多家戶兼具著接待家庭的功能，屋內非常整齊、乾淨、寬敞，建材主要以婆羅洲鐵木為主。許多家戶在自己的房間（bilik）裝有冷氣，客廳（ruai）天花板掛了許多的吊扇，客廳和陽台（tanju）間的外牆窗戶雖加上了百葉窗及窗簾，卻不失傳統伊班族長屋該有的特色。

　　「張」長屋裡的許多家戶，靠著家中男性採燕窩或看顧燕窩起家，並且栽種胡椒、油棕等經濟作物，自從長屋開始經營民宿後，觀光導覽業也成為長屋主要的經濟收入之一。

住宿資訊

宿 張長屋（Rumah Chang）

　　國家公園內的獨棟小木屋、宿舍式客房，或是張長屋的伊班族長屋皆有提供住宿，國家公園內的小木屋或宿舍均有電力設備及可淋浴的熱水，但沒有烹飪設施。

INFO

張長屋（Rumah Chang）
屋長名字為 Patrick Libau，長屋門牌號碼是 40 號，若有住宿需求或對在地文化有興趣，請先主動聯繫屋長。

📞 002＋60＋198052415、002＋60＋14-5962757
💻 dccihomestay.com/homestay/homestay-rumah-patrick-libau
📘 facebook.com/Homestaypatricklibau

當代的張長屋的屋長夫妻。

交通資訊

車 尼亞國家公園的交通方式

　　若住宿在美里市區，可到「美里遊客諮詢中心」後方位於草場路（Jalan padang）的巴士站搭 62 號巴士，告知要在長途客運站（Syarikat Bas Suria）附近下車，車資為 RM1.4，下車地點在富麗華百貨公司（Boulevard shopping complex）前方。下車後，先走上天橋到對面加油站，加油站右方有條往小土坵的路，得走 3 至 5 分鐘的路程翻越土坵，即可看到長途客運站的飲食廣場、公廁、東馬快車、飛俠豪華快車、蘇利亞快車、Borneo express 等長途客

美里市區巴士站的巴士路線以美里市區近郊為主，若要到達長途客運總站，記得上車前先告知司機。

運公司。請購買會經過尼亞石山（Batu Niah）的客運，車資為 RM12，下車地點是一處尼亞石山的飲食中心。

下車後，可先在此吃點東西或買些要在尼亞國家公園吃的零食，裡面有許多華人經營的攤販可用華語交談，可以品嘗物美價廉的在地美食。從此處前往尼亞國家公園尚有 3 公里，若

加油站右方鐵片圍籬處間有條小路，可通往加油站後方的小土丘路徑，順著路基越過小土丘，即可抵達長途客運站。

不願意走路，可以請華人店家協助搭乘計程車事宜，到尼亞國家公園的單程車資為 RM30。到國家公園總部購票後，得再搭乘小船到對岸，才能抵達前往尼亞洞的路口，船票為 RM1。

這裡有往汶萊、古晉市區等巴士路線可選擇，也有公用廁所，車站內有幾家販售餐飲的攤販。

和長鼻猴、豪豬散步

峇哥國家公園

　　峇哥國家公園（Bako National Park）是砂勞越第一個國家公園，成立於 1957 年的 5 月 4 日，雖然是東南亞最小的國家公園，面積僅有 27 平方公里（約 2,727 公頃），卻是許多國家公園的典範。旅客從古晉市區搭巴士至峇哥小鎮的他伯河（Tabo）渡船頭後，得再轉搭 20 幾分鐘的小船才能抵達，因此也減少大批觀光客干擾的壓力。他伯河下游寬度與臺灣的淡水河相似，左側岸邊可以看到馬來人的水上干欄式建築，有些住家旁還有小碼頭，偶爾還可看到幾座以木頭及魚網架起來的傳統捕魚設施。

　　峇哥國家公園位於古晉市區東北邊的穆拉特巴斯（Muara Tebas）半島上，含括婆羅洲所有的植被類型，地質以砂岩為主，因海蝕而形成的岬角、崖壁、海石柱景觀成為峇哥國家公園的特色。站在國家公園的西側海灘或者是山稜上，還可看見對岸半島上充滿許多族群起源故事的山都望山。

峇哥國家公園的乘船碼頭。

峇哥國家公園售票處，前方廣場是紅色的 1 號巴士候車處。

他伯河可以看到兩側的馬來人干欄式建築及傳統捕魚設施、私人渡船頭。

┌─INFO─

峇哥國家公園（Bako National Park）

- Muara Tebas Peninsular 93000, Kuching
- 訂票服務（週一至週五）：002＋60＋82-248088；船碼頭：002＋60＋82-431068／002＋60＋82-431336；國家公園總部（Assam 海灣）：002＋60＋82-478011
- 外國人票價：RM20／成人、RM10／殘障人士、RM7／6～18 歲孩童及青少年、免費／6 歲以下；馬來西亞人的票價為外國人票價的一半
- 週一至週四 08:00～13:00、14:00～17:00；週五 08:00～11:40、14:00～17:00、假日或公眾假期 08:00～13:00、14:00～17:00
- sarawakforestry.com/htm/snp-np-bako

18 條步道與山徑

峇哥國家公園內有 18 條各具特色的山徑或步道，有些步道目前是暫時關閉的狀態，以下提供較大眾化的八條路線簡介：

1. 賞沙灘、海景—沙比岬

沙比岬（Tg.Sapi）山徑長度約 700 公尺，單趟時間約 30 分鐘，天氣好時在沙比岬頂端可以眺望南中國海和山都望山，以及國家公園總部前方美麗的亞麥灣（Telok Assam）沙灘。長鼻猴常在此出沒，山徑上也鋪設了木棧道，偶爾得跨過盤根錯節的樹根。峇哥國家公園的地質以砂岩為主，土壤貧瘠且易受侵蝕，植被通常生長在沉積物較多的區域，視野所見的阿桑姆海岸紅樹林及水椰生長狀態較佳。

沙比岬步道景觀。

沙比岬步道的終點處可看到峇哥國家公園總部前的亞麥灣。

2. 長鼻猴出沒地──得里馬海灣的紅樹林海灘

得里馬海灣（T.Delima）步道長度約 1 公里，單趟時間約 45 分鐘，位於國家公園總部左方的紅樹林海灘，是長鼻猴清晨或傍晚會出沒的區域。

3. 長鼻猴出沒地──巴庫海灣

巴庫海灣（T.Paku）步道長度約 800 公尺，單趟時間約 1 小時，是位於國家公園總部右方的紅樹林海灘，是長鼻猴清晨或傍晚較常在這裡現身。

出沒於巴庫灣樹叢的長鼻猴。

4. 眺望海岸線──烏魯阿桑姆山

烏魯阿桑姆山（Ulu Assam）步道長度約 700 公尺，單趟時間約 1.25 小時，此處路徑較陡峭，不時得攀爬樹根，步道終點可以眺望峇哥國家公園壯觀的海岸線。

5. 精彩的砂岩地形──小香蘭線順遊大香蘭線

小香蘭線（T.Pandan kecil）步道長度約 2.6 公里，單趟時間約 1.5 小時，要走下沙灘前的海崖邊，還可看到代表峇哥國家公園意象的海蝕柱，步道上也可看到許多豬籠草。步道的起點，會接上一小段的林湯線，以及許多被樹根糾結的地形，這裡也是拖鞋蘭復育計畫的地點。接著會來到一處平緩的砂岩平台，經過歷年的風吹日曬雨淋而產生特別的岩石紋路，表面圓潤或是坑坑洞洞，從遠處看來就像白雪灑在地面般。

眺望大香蘭線的海灘。

大香蘭線（T.Pandan Besar）步道長度約 1.9 公里，單趟時間約 1 小時，前半段和小香蘭線重疊，當看到峇哥國家公園的海蝕柱時，就要注意指標牌的指示方向。

小香蘭線的步道景觀。

代表峇哥國家公園意象的海石柱。　　小香蘭線的沙灘非常乾淨，常可見西方旅客在沙灘上做日光浴。　　小香蘭線的砂岩地形。

6. 峇哥國家公園的豬籠草生態

　　峇哥國家公園屬於砂岩海岸，很適合蘋果豬籠草（Nepenthes ampullaria）生存於地面上，囊狀食蟲袋也幾乎貼近於地面，它除了是食蟲性植物以外，也吸收落葉腐爛後的養分。

7. 林湯

　　林湯（Lintang）步道長度約 5.8 公里，單趟時間約 3.5 小時，起點及終點都在紅樹林邊，是一條環狀路線，可以看到非常多樣化的植被森林，以及大片的龍腦香科植物為主的森林、海崖、沼澤地。

小香蘭線路徑上的蘋果豬籠草。

8. 大環狀路線

　　林湯 →塔久（Tajor）→可魯英山（Bukit Kruing）→帕雅杰如通（Paya Jelutong）→烏魯捨蕊（Ulu Serait）→林湯，單程需 6～7 小時以上。

峇哥國家公園有 18 條山徑或海灘步道，行走前，得先至峇哥國家公園總部登記，並確認要走的步道是否已開放通行。

在紅樹林活動的動物們

　　在砂勞越所有的國家公園裡，就屬峇哥國家公園較容易看到野生動物，最大型的野生動物為婆羅洲鬚豬，也可觀察到長鼻猴、銀葉猴、長尾獼猴、巨蜥、穿山甲、鼠鹿及超過 150 多種野鳥生態。清晨或黃昏時，在國家公園總部前方的亞參灣兩側紅樹林邊，很容易就可以發現到一隻鼻子大大的公長鼻猴領著一群鼻子尖小的母長鼻猴覓食，或者是一群占據步道嬉戲的長鼻猴或銀葉猴，牙齒非常大且兩頰擁有金黃色腮毛的婆羅洲鬚豬，也常出現在總部周邊覓食呢！

在峇哥國家公園步道上漫遊的長尾獼猴。

婆羅洲鬚豬是婆羅洲原住民的主要肉類食物來源之一，現在已很難在野外看見，在峇哥國家公園的保護下的婆羅洲鬚豬常讓旅人感到驚艷。

在紅樹林裡覓食的長鼻猴。

峇哥國家公園的紅樹林海灘，海灘的對岸隱約可見山都望山。

紅樹林沼澤的招潮蟹。

紅樹林活動的九官鳥。

住宿資訊

峇哥國家公園住宿資訊

峇哥國家公園設有森林招待所及小木屋，每晚住宿價格如下：

1. 森林招待所每床 RM15.9 元／晚，每間房間為 RM42.4 元／晚。
2. 森林小木屋有 8 間，可分成 3 種不同房型，價錢在 RM79.5 ～ 238.5 間。
3. 露營區為 RM5 ／ 1 人。

峇哥國家公園裡有小木屋、通鋪、露營區可供旅客住宿。

圖中為古晉市區漢陽街旁的露天巴剎對面，搭乘 PETRA JAYA 客運 6 路 1 號的地方。

巴士下車後，得換小船前往峇哥國家公園的渡船頭。

交通資訊

大眾交通方式

從古晉市區漢陽街（Jalan Khoo Hun Yeang）旁的露天巴剎（Open air market）對面，可以搭乘 PETRA JAYA 客運 6 路的 1 號巴士到峇哥國家公園。巴士早上七點發車，每小時一班，車程約 50 分鐘，票價 RM3.5，回程末班車時間請務必向巴士司機確認。下車地點位於峇哥村的峇哥國家公園渡船頭售票處，在此得買船票，每艘船最多只能載四人，包船價為 RM46.5 ／艘，單獨自助旅行的朋友建議可在此等候散客一起併船。下船後也要記得和船夫約好回程時間，並記住船夫的名字、連絡電話、船號及船的特徵。

野生動物復育中心

世界最大的紅毛猩猩保護區
西必洛紅毛猩猩復育中心

西必洛紅毛猩猩復育中心（Sepilok Orang Utan Rehabilitation Centre）在東馬沙巴州的山打根省，由沙巴州野生動物部在 1964 年時成立，是世界上最大的紅毛猩猩復育中心，位於面積約 43 平方公里（4,294 公頃）的咖比力─西必洛森林保留區裡。中心設置的目的，除了救援、復育紅毛猩猩以外，也要讓失去母猩猩照顧的幼齡猩猩學習在野外生存的技能，當紅毛猩猩得以獨立生存，將會野放在鄰近的咖比力─西必洛森林保留區裡。

西必洛紅毛猩猩復育中心路口處的牌樓。

園區規劃與活動項目

西必洛紅毛猩猩復育中心裡，設有休息區、停車場、旅客資訊中心、紀念品店、自助餐廳、飼育平台、苗圃、賞鳥步道等，在售票處購票後，可至旅客資訊中心看紅毛猩猩保育宣導影片，影片大約播放二十分鐘，播放時間大約是每天餵食紅毛猩猩的前一小時，大約是上午九點及下午二點左右。欣賞影片後，有帶背包的旅客得前往置物區寄放包包，這是園區為了防止旅客偷帶食物進入的政策；查票員也會在剪票入口處檢查：是否有旅客偷帶包包，或者攜帶攝影器材卻沒購買攜帶攝影器材票券。

前往紅毛猩猩飼育平台步道兩側的樹種以混合羯布羅香林為主，可以看到紅毛猩猩喜歡吃的野生紅毛丹，以及非常耐久用且質地堅硬卻只生長於婆羅洲、菲律賓的婆羅洲鐵木。

步道旁設置幾個解說牌，簡介年幼的紅毛猩猩在園區裡的生活。所有剛送進園區的猩猩，皆需讓獸醫先進行醫療診斷、記錄、建檔，隔離幾星期後，確診沒有問題後，才能和其他的紅毛猩猩共同生活。

森林裡的人─紅毛猩猩與人猿

　　馬來語 Orang 意思是「人」，hutan 的馬來語意是「森林」，紅毛猩猩的馬來語為 Orangutan 意思就是「住在森林裡的人」。紅毛猩猩是世界上最大的樹棲型哺乳類動物，大部分的時間都在離地面約 6 至 30 公尺高的熱帶雨林樹冠層活動。

走一段雨林步道後才會抵達紅毛猩猩飼育平台。

在地人稱紅毛猩猩為「森林裡的人」。

猴子有尾巴,猩猩沒有尾巴。

婆羅洲紅毛猩猩的毛髮蓬鬆。

基因和人類高度相似—大型猿類家族

　　大型猿類家族的成員有人類、黑猩猩、倭黑猩猩、大猩猩、紅毛猩猩,猩猩的 DNA 有 95％和人類相同,大猿類和小猿(長臂猿)、猴子、狐猴、嬰猴(Bush Babies)都屬於靈長類動物,差別在於猴子有尾巴,猿類沒有尾巴。

婆羅洲與蘇門答臘的紅毛猩猩

　　紅毛猩猩僅分布於馬來西亞婆羅洲的沙巴省及砂勞越省、印尼加里曼丹的東部、西部、中部、蘇門答臘北部,主要可區分為蘇門答臘紅毛猩猩以及婆羅洲紅毛猩猩,婆羅洲紅毛猩猩又可區分為西北婆羅洲猩猩、東北婆羅洲猩猩、中央婆羅洲猩猩等三個亞種。婆羅洲紅毛猩猩的毛髮蓬鬆粗糙,毛色比蘇門答臘紅毛猩猩亮麗,呈現橙色、棕色、粟色;身材粗短且臉孔圓潤,成年的公猩猩臉頰肉墊較寬,蓄有短鬍子。蘇門答臘猩猩的臉部偏瘦長,有長毛髮、鬍子也較長(偶爾會長白鬍子),面頰肉墊較小。

公、母紅毛猩猩的外型與特徵

　　紅毛猩猩又被稱為紅猿，公、母猩猩的身體皆覆蓋著長長的紅色毛髮，讓牠們易於雨林中隱匿；剛出生的紅毛猩猩的臉為淺棕色，臉的毛色隨年齡增長而加深為深棕色。公的領導者毛髮是群體中最長的，長度約 45 公分，超過肩膀或臂膀。紅毛猩猩的拇指及腳趾讓牠們可以靈活地在雨林樹冠層間移動，在樹枝上時以手掌握住樹枝，在地面上則是握著拳頭以四肢著地的方式行走。公、母紅毛猩猩皆有喉袋，可以讓牠們在森林裡製造聲音，產生共鳴；胳膊長度是牠們雙腿的兩倍長，成年公猩猩手臂張開可達 2.4 公尺。

　　成年母猩猩的身高約 120 ～ 130 公分，是公猩猩的 3 ／ 4 倍；體重約 35 ～ 50 公斤，是公猩猩體重的一半。公猩猩的身高約 140 ～ 150 公分，體重約 50 ～ 100 公斤，青春期從 12 ～ 15 歲開始，臉頰上的肉墊從那時才開始逐漸明顯。成年公紅毛猩猩每天會進行幾次的長聲呼喊，面頰肉墊有助於長聲呼喊，讓聲音可以更有加地響亮，使聲音穿透茂密的雨林，並讓較低位階的公猩猩遠離牠的地盤。紅毛猩猩中的領導者除了擁有最長的毛髮，面頰肉墊及喉袋也比群體中的其他紅毛猩猩顯眼。

紅毛猩猩以拳步的方式行走。

生育力低、可活超過 50 年

　　母猩猩的青春期普遍從 12 歲開始，12 ～ 15 歲就可開始生育；成年的母紅毛猩猩是所有哺乳類動物中生育間隔最久的動物，大約 6 ～ 8 年才會生出一隻紅毛猩猩，母紅毛猩猩一生中可能擁有的後代大約只有 3 ～ 4 個。母紅毛猩猩的妊娠期約 8 ～ 9 月，和人類相似，每次僅生產一至兩隻紅毛猩猩。幼齡的紅毛猩猩非常依賴他們的母親；母紅毛猩猩通常會照顧小猩猩到五歲左右，再讓幼齡紅毛猩猩學習獨立。

　　野生的紅毛猩猩最久可以活到幾歲呢？目前還未有人知道確切的答案。受到圈養的紅毛猩猩可以活超過 60 歲以上，澳洲伯斯動物園有一隻高齡 61 歲的蘇門答臘紅毛猩猩，日本東京的多摩動物園也有隻高齡 62 歲的紅毛猩猩。

習慣在森林裡獨居

　　野外的成年公紅毛猩猩是獨居動物，只有發情期時才會和母紅毛猩猩住在一起。熱帶雨林裡的食物來源並不穩定，獨居的公紅毛猩猩是為了追尋更豐沛的食物來源，每晚會在不同地點築新的巢穴，通常搭建在離地面 12 至 18 公尺間的樹冠層上，巢穴的材料以樹木的細枝為主；但若森林裡的築巢材料缺乏，或者是食物充沛，就會重覆使用同個巢穴。青春期的紅毛猩猩及母紅毛猩猩習慣過著暫時性的小團體生活，年幼的紅毛猩猩和母親共同生活，一個紅毛猩猩小團體裡通常有 4、5 隻成員。

紅毛猩猩吃什麼？

　　紅毛猩猩是雜食性動物，臂力是人類的四倍，讓他們易於擺盪懸掛在樹冠層間享受榴槤、波羅蜜、無花果等水果，水果類占了主食裡的 60 ％。除此之外，也喜歡吃嫩葉、昆蟲、樹皮、花、蛋、蜘蛛、白蟻、真菌、螞蟻、菌類、蜂蜜以及小蜥蜴。

紅毛猩猩以水果為主食。

紅毛猩猩與獼猴來共食

要觀察半野生的紅毛猩猩覓食，得在每日的 09:30 及 14:30 抵達飼育平台前方的旅客觀察區等待，飼育員會在每日的 10:00 及 15:00 帶著一大簍香蕉、青菜、木瓜等蔬果呼喚紅毛猩猩吃飯。紅毛猩猩是否會出現，取決於園區附近森林是否有充沛的食物來源，若森林食物缺乏，餵食時間未到，就會開始有紅毛猩猩在此等待，有時還可以看到一大群的食蟹獼猴或者是豬尾獼猴攜家帶眷前來，飼育員也會將食物分享給前來的獼猴們。

以四肢在繩索上行走的豬尾獼猴。

食蟹獼猴也就是長尾獼猴，在東南亞熱帶雨林區裡或海岸邊不難發現，適應環境的能力很強。豬尾獼猴則分布在東南亞海拔 2,400 公尺以下的熱帶雨林區，尾巴尖端較細，尾巴長度約占身長的 2 ／ 5，頭頂中間有塊深褐色或近似黑色的毛，像戴了頂深色帽子；公豬尾獼猴的體型比母獼猴大一半以上。母豬尾獼猴及幼猴常被人類訓練為摘椰子的家畜，因為公豬尾獼猴較具攻擊性不易馴服。

紅毛猩猩的戶外托兒所。

紅毛猩猩戶外托兒所

餵食時間結束，園區內的工作人員會引導遊客走一小段雨林步道到一棟有冷氣的建築內，觀察大落地窗外的幼齡紅毛猩猩一同玩耍，以及工作人員如何引導幼齡紅毛猩猩學習攀爬、擺盪、遊戲、群體生活、以樹葉築巢等生活技巧。紅毛猩猩戶外托兒所以數個輪胎及繩索布置成充滿挑戰性的「小紅毛猩猩遊樂場」，讓將來有機會回到大自然的紅毛猩猩，可以從中學習獨立生活的能力。

以手掌及腳掌攀爬繩索的紅毛猩猩。

在繩索上活動的長尾獼猴。

飼育員與紅毛猩猩、獼猴們。

當代紅毛猩猩的困境

　　馬來西亞、印尼熱帶雨林的開發，造成紅毛猩猩步向瀕臨絕種的危機，棲息地被人類侵占、盜獵小紅毛猩猩當寵物而射殺母猩猩等問題，都是讓紅毛猩猩數量急速遞減的主因。目前世界上僅剩 20,000 隻左右的野生紅毛猩猩活動於婆羅洲及蘇門答臘，紅毛猩猩的復育及熱帶雨林的保育皆是當務之急的議題。

─ INFO ─

西必洛紅毛猩猩復育中心（Sepilok Orang Utan Rehabilitation Centre）
- Sabah Wildlife Department, W.D.T. 200, Sandakan, Jalan Sepilok, Sepilok, 90000 Sandakan, Sabah
- 馬來西亞公民 18 歲以下 RM2、18 歲以上 RM5；非馬來西亞公民 18 歲以下 RM15、18 歲以上 RM30（門票上有註明：「沙巴州野生動物部門不接受旅客受傷或失蹤的任何責任。」）
　攜帶攝影器材入場費：個人用的攝影器材 RM10，商業用的攝影器材 RM1,000，電影製作設備 RMRM10,000（不可超過七天）
- 09:00～12:00（週五上午只開放到 11:00）、14:00～16:00；每日的 10:00 及 15:00 為餵食紅毛猩猩的時間
- 英國 NGO 團體為保育紅毛猩猩設立，關於「西必洛紅毛猩猩復育中心」的訊息：orangutan-appeal.org.uk
　沙巴州野生動物部關於「西必洛紅毛猩猩復育中心」的網址：wildlife.sabah.gov.my/?q=en/content/sepilok-orangutan-rehabilitation-centre

交通資訊

如何抵達西必洛紅毛猩猩復育中心

1. 亞庇→西必洛紅毛猩猩復育中心
　亞庇的長途客運北站往山打根方向的巴士皆會經過西必洛路口（Jalan Sepilok）的圓環，下車後約走 2.5 公里左右，即可抵達目的地。

2. 山打根市區⇆西必洛紅毛猩猩復育中心
　有 14 號巴士可搭乘，車子會停在紅毛猩猩復育中心售票處外的停車場，巴士時間如下表。

山打根市區→ 西必洛紅毛猩猩復育中心	紅毛猩猩復育中心→ 山打根市區
09:00	10:30
10:30	11:30
11:30	12:30
13:00	14:00
14:00	16:00

世界第一個馬來熊保育中心

婆羅洲馬來熊保育中心

世界第一個馬來熊保育中心，位於沙巴州山打根省西必洛的婆羅洲馬來熊保育中心（Bornean Sun Bear Conservation Centre，BSBCC），創辦於 2008 年，2014 年才正式對外開放。婆羅洲馬來熊保育中心的創辦人，是屏東科技大學畜牧獸醫系校友黃修德博士，十幾年的碩博士求學期間，以調查將近瀕臨絕種的婆羅洲馬來熊生態為主，發現婆羅洲雨林裡的棲地受迫害而讓馬來熊的數量急速下降，因此從 2006 年開始積極地進行一系列馬來熊保育計畫，讓保育馬來熊生態的議題得以被重視。

INFO

婆羅洲馬來熊保育中心
（Bornean Sun Bear Conservation Centre）

🏠 PPM 219, Elopura,90000 Sandakan, Sabah, Malaysia（位於西必洛紅毛猩猩復育中心隔壁）

💲 票價資訊：

年紀／票價	馬來西亞公民	外國人
12 歲以下	免費	免費
12~17 歲	RM2.1	RM15.9
18 歲以上	RM5.3	RM31.8
55 歲以上	免費	RM31.8

🕐 每日 09:00~15:30
🖥 bsbcc.org.my

婆羅洲馬來熊保育中心。

設立宗旨與園區規劃─保育、復育、研究馬來熊

　　婆羅洲馬來熊保育中心的設立宗旨「以保育、復育、研究婆羅洲馬來熊」為主軸，並且教育民眾關於馬來熊保育及生態環境等相關知識。園區也非常歡迎馬來西亞公民及世界各國旅客加入馬來熊保育志工的行列、捐款助養園區內的馬來熊，或是贊助待復育馬來熊喜愛的蜂蜜等甜食、醫療設施、野外求生技能設備。助養一隻馬來熊只需 RM300 ／年，園區會按時提供助養者關於受助養的馬來熊近況及相關照片，將來受助養的馬來熊若復育成功，學會如何在野外生存的技巧，將會野放在適合婆羅洲馬來熊生存的森林棲地。

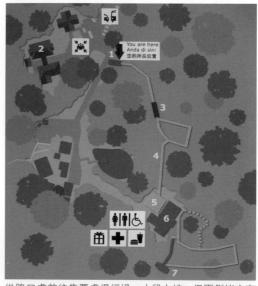

從路口處前往售票處得經過一小段上坡，但兩側皆立有清楚的解説牌。

　　婆羅洲馬來熊保育中心雖開放給遊客參觀，但為了讓園區環境更適合婆羅洲馬來熊生活，遊客僅能在輕鋼架鐵橋高處觀察在雨林樹叢裡活動的馬來熊，在園區內的簡介上也清楚地註明：「我們無法保證您能夠從觀望台上看見牠們。」在園區內觀察婆羅洲馬來熊時，禁止使用閃光燈拍照，也禁止飲食。

園區內的觀察婆羅洲馬來熊廊道。

婆羅洲馬來熊─世界上最小的熊、蜜熊、太陽熊

世界上的馬來熊有兩種,其一為分布範圍較廣的亞洲大陸亞種馬來熊,分布範圍在擁有亞洲熱帶雨林的東南亞各國、蘇門答臘,另一種就是只生存於婆羅洲的婆羅洲馬來熊。婆羅洲亞種馬來熊的體型比大陸亞種馬來熊小一半,是世界上最小的熊,直立站著的身高約 120 ～ 150 公分,母熊體重約 20 ～ 40 公斤左右,公熊體重約在 30 ～ 60 公斤間。

尋找食物的婆羅洲馬來熊。

婆羅洲馬來熊的胸前有如太陽圖騰般的 U 形或圓形胸斑,又稱為太陽熊,每隻馬來熊的胸斑花紋皆不同,是辨認每隻馬來熊的專屬身分證。馬來熊是雜食性動物,舌頭長約 20 ～ 25 公分,可以方便地舔食樹洞內的螞蟻、白蟻、昆蟲或者是蜂巢裡的蜂蜜,被馬來熊舌頭清空的樹洞,也成為犀鳥築巢最好的棲所。因為婆羅洲馬來熊喜歡吃蜂蜜等甜食,也有「蜜熊」的別稱。

馬來熊有雙如鐮刀狀的銳利熊爪,利於覓食及爬樹,看到馬來熊爬到樹上築巢睡覺不要覺得奇怪;園區四周圍著架高的通電鐵絲網,就是為了要防範聰明的馬來熊藉由爬樹或爬電網逃出野

婆羅洲馬來熊的身材好似養的非常精壯的臺灣土狗。

外。馬來熊習慣獨居,只有繁殖期或幼熊需母熊照顧時才會聚居,一隻馬來熊需要約 15 平方公里的森林棲地活動範圍,森林裡的榴槤、無花果、殼斗科樹木的果實都是馬來熊的食物,未消化完的種子隨著糞便的排放,達到四處播種的功能。

馬來熊保育的困境與挑戰

生活於婆羅洲馬來熊保育中心的馬來熊,大部分來自棲地受迫害而失去母親的幼熊、不肖商人、盜獵者、非法圈養者等,牠們的生存處境並不如想像中的樂觀,婆羅洲的雨林生態需要大家主動關心。婆羅洲的生物多樣性非常豐富,但因大量的棕櫚樹及橡膠樹等經濟作物墾殖、伐木業盛行、巨型水壩興建,嚴重迫害婆羅洲馬來熊的棲地。人們若可拒絕使用破壞婆羅洲原始雨林的木材及棕櫚製品,馬來熊復育才看得到希望。

玩耍中的婆羅洲馬來熊。　　　　　　　　　　婆羅洲馬來熊的爪子非常銳利。

交通資訊

🐾 大眾交通方式

　　從亞庇前往婆羅洲馬來熊復育中心的交通方式，可以參考「熱帶雨林探索中心」的交通方式。從婆羅洲馬來熊復育中心往返山打根市區，可以在紅毛猩猩復育中心前方的停車場等候白色車身的 14 號巴士，若搭乘 14 號小巴，司機會繞進紅毛猩猩復育中心右側的小路，逐一查看附近民宿門口是否有旅客正在等待著巴士，也會經過西必洛—自然小屋民宿。馬來熊保育中心到山打根市區的票價為 RM6，終點站為山打根市區靠海邊的迷你巴士站，巴士時間如下表。

山打根市區→ 西必洛紅毛猩猩復育中心	紅毛猩猩復育中心→ 山打根市區
09:00	10:30
10:30	11:30
11:30	12:30
13:00	14:00
14:00	16:00

14 號迷你巴士站的外觀。

14 號巴士候車處，位於紅毛猩猩復育中心售票處外的停車場。

終點站為山打根市區靠海邊的迷你巴士站。

救援瀕臨絕種的野生動物
實蒙谷野生動物中心

　　實蒙谷野生動物中心（Semenggoh Wildlife Centre）成立於 1975 年，離古晉市區約 24 公里，是砂勞越重要的野生動物復育基地，因成功地復育紅毛猩猩而聞名。在跟隨園區導覽員前往紅毛猩猩餵食平台觀察前，可以先瀏覽紀念品店側牆的紅毛猩猩簡介，根據 2017 年 4 月的紀錄，園區內年紀最大的紅毛猩猩名字叫 Seduku，是隻 46 歲的母猩猩。

實蒙谷野生動物中心的紅毛猩猩簡歷。

實蒙谷野生動物中心的總部附近。

砂勞越瀕臨絕種動物復育基地

實蒙谷野生動物中心面積約 653 公頃，中心設置的重要任務以復育在砂勞越野外受到傷害、非法飼養、落單的幼獸為主，此外，這裡也是長臂猿、豪豬、鱷魚、河龜等瀕臨絕種野生動物的棲息地。這個蓊蓊鬱鬱雨林遮蔽的園區裡，規劃了解說區、大廳、廚房、獸醫診所、紀念品店、公廁、員工宿舍、200公尺長通往餵食平台的雨林小徑、紅毛猩猩主要餵食區、緊急出口、鱷魚園區、自然小徑等區域。園區內有幾條高聳雨林內的步道，需有園區導覽員帶領才可進入。

實蒙谷野生動物中心內的鱷魚池。

TIPS

實蒙谷野生動物中心的目標—復育、野放、保育
❶ 復育受傷或長期被囚禁的野生動物、落單的幼獸，並希望可將牠們野放回所屬的森林家園。
❷ 進行在地瀕臨絕種野生動物的研究以及人工復育計畫。
❸ 讓遊客及民眾瞭解保育工作的重要性。

成功復育紅毛猩猩的典範

實蒙谷野生動物中心成立以來，復育了數千隻瀕臨絕種的野生動物，並以紅毛猩猩復育工作享譽國際，讓許多紅毛猩猩得以重返雨林，或者是成為半野生紅毛猩猩的避風港，是砂勞越州研究紅毛猩猩生態及行為的重要場所。而這樣的成功經驗，也轉移到庫巴國家公園（Kubah National Park）的馬當野生動物中心（Matang Wildlife Centre）。

紅毛猩猩重返森林前的課程

當有紅毛猩猩被送到實蒙谷野生動物中心時，醫生會先替猩猩做診斷，進行籠內觀察，等到紅毛猩猩健康狀態正常後，再進行野外生存課程訓練。園區內的飼育員每天帶著猩猩進到園區內的學習場所，讓牠們學會爬樹、在樹梢上擺盪活動、覓食技巧，經過約二至四年的生存課程訓練，已熟悉生存技巧的紅毛猩猩，將有機會被野放在實蒙谷野生動物中心附近的森林保護區裡。

紅毛猩猩在喝椰子汁。

攀繩索中的紅毛猩猩。

令人期待的紅毛猩猩餵食時間

實蒙谷野生動物中心較易看到紅毛猩猩的時刻就是每天的餵食時段，每到了 09:00 ～ 10:00 以及 15:00 ～ 15:30 時刻，園區內的解說員會先集結遊客，告知觀察紅毛猩猩的注意事項，並提醒要安靜的行動，紅毛猩猩才敢出現，再帶遊客走一段約 200 公尺的雨林步道，前往餵食平台的觀賞台。這段步道有幾棵野生的菱角木乃果（Baccaurea angulata），是婆羅洲的原生種果樹，又稱為野楊桃，形狀很有特色。

餵食的時間到了，工作人員將裝滿香蕉、椰子、鳳梨等水果的籃子及箱子、瓶裝牛奶放置在餵食平台上，呼喚紅毛猩猩吃飯，聽到呼喚聲的猩猩會從雨林四處擺盪、攀藤、用手抓著繩索越過小溪上空、或從灌木叢裡鑽出來。但在餵食平台能否看到大量的猩猩得要靠運氣，因為當森林裡的食物充足時，許多年長的紅毛猩猩不一定會出現。

前來覓食的紅毛猩猩母子。

來自世界各地的旅客聚集在紅毛猩猩餵食平台前。

工作人員講解觀察紅毛猩猩的注意事項。

紅毛猩猩在生態步道上未吃完的波蘿蜜。

尋找紅毛猩猩的生態步道

在園區工作人員的帶領下，可在實蒙谷野生動物中心內的「雨林小徑」尋找野生的紅毛猩猩，保育員說在野外看到野生的紅毛猩猩有時候滿危險的，有些受到驚嚇的紅毛猩猩會以為你要攻擊牠，因此會先發制人，以強勁的手掌、手臂力量做攻擊。在這裡的雨林小徑裡，許多樹木的樹冠層已架著紅毛猩猩築起的新巢和舊巢，步道上隨處可見未吃完的波蘿蜜，以及牠們所喜愛的無花果和榴槤，還可以看到各式的馬陸和昆蟲。

INFO

實蒙谷野生動物中心（Semenggoh Wildlife Centre）

- 93250 Siburan, 砂拉越
- 外國人票價：RM10 ／成人
- 每日的 08:00～11:00 及 14:00～16:00。餵食紅毛猩猩時間 09:00～10:00 及 15:00 至 15:30
- sarawakforestry.com/htm/snp-nr-semenggoh

交通資訊

🐾 大眾交通方式

在古晉市區露天巴剎這一區的回教堂對面，可搭砂勞越運輸公司（STC）的 K6 號巴士，車資約 RM4。在售票口前方停車場下車後，須走 20 分鐘左右才能到實蒙谷野生動物中心，最後一班回古晉的車是 17:00。

復育砂勞越原生種動物

馬當野生動物中心

馬當野生動物中心於庫巴國家公園境內，距古晉市區約 35 公里，中心的設置目的之一就是教導獲救的紅毛猩猩學習如何在野外生活。園區內的野生動物收留區還規劃了淡水龜池、鱷魚區、水鹿區、鳥舍、濕地生態區、貓科動物區、馬來熊區、犀鳥區、長臂猿區、紅毛猩猩區等。這裡的動物大部分來自被人類長久囚禁的牢籠中，當牠們康復後，才會釋放至野外。園區也另外設置了露營區、停車場、遊客住宿小屋、員工宿舍、食堂等活動空間。

馬當野生動物中心裡的母紅毛猩猩。

INFO

馬當野生動物中心（Matang Wildlife Centre）

🏠 Kubah National Park Kuching, Sarawak, 94500, Lundu, Sarawak, 馬來西亞

💲 馬當野生動物中心門票價目表：

類別	外國人				馬來西亞國民			
	成人	殘障	6~18 歲孩童	6 歲以下孩童	成人	老年人、殘障	6~18 歲孩童	6 歲以下孩童
國家公園票價	RM20	RM10	RM7	免費	RM10	RM5	RM3	免費

🕐 每日的 8:30~15:30

🖥 sarawakforestry.com/htm/snp-np-kubah.

馬當野生動物中心裡的馬來熊。

這隻公的紅毛猩猩名字叫阿曼（Aman），目前是馬當野生動物中心裡年紀最大的紅毛猩猩。

以野放為目標──紅毛猩猩與馬來熊復育計畫

　　馬當野生動物中心有馬來熊及紅毛猩猩兩項重要的復育計畫，讓牠們可以學習在野外生活的技能，再釋放回適合的棲地。例如：將馬來熊的食物放在樹上，刺激馬來熊為了得到食物而學會爬樹的技能；被認為有復原能力的紅毛猩猩，也時常被園區內的飼育人員帶入叢林，讓紅毛猩猩能夠在自然的環境下學習尋找食物、築巢、攀爬等能力。

馬當野生動物中心裡的小紅毛猩猩。

紅毛猩猩的復育過程

　　當紅毛猩猩送到馬當野生動物中心後，會先將紅毛猩猩的個別資料建檔，記錄每隻紅毛猩猩的手臂及腳的長度、身高、體重、生命史、健康狀況等，之後將這些新送來的紅毛猩猩個別隔離至少 90 ～ 100 天，並且每日記載牠們的健康、飲食習慣、排尿、水分消耗量及糞便質量等，最後才能和中心裡的其他紅毛猩猩一起生活。

園區內的婆羅洲特有動物

　　馬當野生動物中心除了是復育紅毛猩猩以及馬來熊的庇護所以外，也收留了被送到中心的在地野生動物，例如：婆羅洲鬚豬、青蛙、婆羅洲懶猴、穿山甲、蟒蛇、普雷沃斯特松鼠（三色松鼠）、邦加眼鏡猴、馬來長吻鱷、水鹿、白鼻心、熊狸、馬來豪豬、長臂猿、禿鸛、馬來魚鴞、栗鳶、東方犀鳥、馬來犀鳥等動物，其中的三種婆羅洲特有種動物分別是婆羅洲鬚豬、婆羅洲懶猴、婆羅洲雲豹。

馬來長吻鱷目前暫訂為瀕危等級的野生動物，身長約 2.5 至 3 公尺間。

森林裡的移動垃圾箱──婆羅洲鬚豬

　　婆羅洲鬚豬又被稱為「森林裡的移動垃圾箱」，吃森林裡的任何東西，包含：水果、種子、樹根、草本植物、其他植物、屍體。

婆羅洲鬚豬分布在婆羅洲、馬來半島、蘇祿群島、蘇門答臘等地，特徵是嘴巴兩側的鬍鬚。

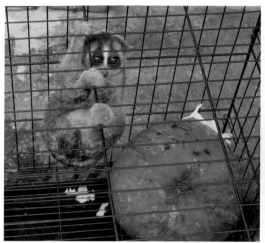

在砂勞越州南部山區的某部落內，被捕獲的婆羅洲懶猴。

世界自然基金會在 2007 年時，將婆羅洲雲豹宣布為
婆羅洲島上新發現的貓科物種。

唾液有毒素—婆羅洲懶猴

　　懶猴的唾液可產生一種毒素保護牠們防
禦敵人，這種毒素類似貓皮屑裡的過敏源。

婆羅洲最大的肉食動物—婆羅洲雲豹

　　婆羅洲雲豹是婆羅洲最大的肉食動物，
居住在茂密的雨林低地或者山丘，以鳥類、
靈長類動物、小型哺乳類動物、爬蟲類動物
為食。和其他的貓科動物相較，擁有較長的
犬齒，身體有黑色邊的橢圓形花紋，毛皮的
顏色有黃褐色、銀灰色等。

園區內的四條叢林小徑

1. Pitcher 小徑：全程約 2 小時。
2. Rayu 河小徑：全程約 3 ～ 4 小時，終點為
　　Rayu 瀑布，往返 3 小時。
3. Senduk 河小徑：全程約 1 小時。
4. Buluh 河小徑：全程約 2 小時。

馬當野生動物中心裡的步道。

馬當野生動物中心住宿資訊表

住宿類型 （間數）	森林小屋 （2 棟）	森林旅館／長屋 （8 間房）		營地 （26 座）
設施	2 張雙人床／間、2 間房間皆有附浴室及廁所、有空調的房間、電冰箱、燒烤窯	房間（1～4 間），2 套上下舖、每間房間皆有附浴室及廁所、房間（5～8 間），2 張雙人床、電扇、電冰箱、祈禱室、燒烤窯		獨立營地 4 座（每座限 12 人）、半獨立營地 6 座（每座限 18 人）、長屋 16 座（每座限 48 人）、有浴室及廁所、燒烤窯
費用	RM150 ／棟	RM320 ／棟、 RM40 ／房間		RM5 ／每人 1 晚

古晉包車導遊資訊

　　古晉市區沒有巴士可以抵達馬當野生動物中心，推薦大家若第一次到訪古晉，可以預約 Kuching Tour Buddy 的包車旅遊導覽服務，這家包車旅遊不但辦理古晉一系列的包車旅遊行程，且司機以華人為主，能夠以流利的中文向旅客深度地介紹古晉以及馬當野生動物中心。

Kuching Tour Buddy 的老闆非常熟悉古晉在地的景點與美食，服務也很親切有禮，價格非常實在。

INFO

Kuching Tour Buddy

📞 002＋60＋17-867-988

✉ Kuchingtourbuddy@gmail.com

📘 粉絲專頁搜尋「Kuching Tour Buddy」（zh-tw.facebook.com/Kuching-Tour-Buddy-489676254420128）

到南島民族的 長屋部落作客

認識婆羅洲的南島民族
砂勞越文化村

　　砂勞越文化村（Sarawak Cultural Village）是個讓世界各國旅客認識在地多元族群文化特色的前哨站，被稱之為「活的博物館」，位於山都望山的西側，園區面積約 43.225 公頃。在售票處購票後，服務人員會發給每位旅客一本綠色如護照本大小般的集印章小冊子，讓旅客每參觀完一個族群的家屋展示館後，可以蒐集該展館的特色印章。旅客得依著箭頭的參觀動線指示方向行走。文化展演時間為每日的11:30～12:15及16:00～16:45；住宿體驗的項目，需另外向服務人員洽詢。

砂勞越文化村入口處在華人過農曆新年期間，有喜氣洋洋的氣氛。

---INFO---

砂勞越文化村（Sarawak Cultural Village）

📍 Damai Beach Resort, 93762, Kampung Budaya Sarawak, 93010 Kuching, Sarawak, 馬來西亞

📞 002＋60＋82-846108

💲 砂勞越文化村票價表：

項目		成人	幼童（6~12 歲孩童）
一日票	入場券	RM50	RM25
	入場券含餐	RM75	RM40
30 日內有效票	入場券	RM60	RM30
	入場券含餐	RM85	RM50

🕐 每日開放時間 09:00~17:00；文化表演時間：11:30、16:00

💻 scv.com.my

傳統伊班族長屋建材以在地的竹、木為主。

比達友族傳統的穀倉，屋頂覆蓋著亞答葉。

手工藝品店有販售關於在地人類學研究的書籍。

比達友族女孩準備表演迎賓舞蹈。

本南族人為砂勞越的遊牧族群，時常遷徙，因此住家通常蓋的較簡陋。

伊班族的傳統手工織布技術非常細膩。

早期的馬蘭諾族人居住於沿海，時常被海盜等外來者襲擊，因此底層干欄柱特別做了挑高的設計，防止外敵的侵擾。

砂勞越中部及中北部內陸的原住民族群，有精美、具故事性的彩繪圖騰文化。

馬蘭諾族人的傳統干欄式建築住家窗邊，通常會掛著避邪物以防禦海盜等外敵入侵。

底層特別挑高的干欄式長屋建築，梁柱外觀以精緻的彩繪作裝飾。

非常典雅乾淨的馬來人住家空間樣貌。

馬來人傳統民居的地板，常以高低差劃分客廳、房間等空間。

展現砂勞越州族群和諧共榮的舞蹈。

舞者表演著展現伊班族戰士力量的 Ngajat Lesong 舞及歡迎伊班族戰士打勝仗歸來的 Ngajat Pahlawan 舞。

交通資訊

 大眾交通方式

　　從古晉市區到砂勞越文化村，可以在東姑阿都拉曼路（Jalan Tunku Abdul Rahman）上的大瑪格莉特酒店（Grand Margherita）搭乘飯店的小巴，巴士票購買地點位於飯店的櫃檯，且有販售砂勞越文化村的套票。單趟的車資為 RM12 ／成人、RM7 ／ 6 ～ 12 歲孩童，去回程車資為 RM20，從古晉市區到砂勞越文化村的車程約45 分鐘。

大瑪格莉特酒店對面是古晉非常有名的九隻貓雕像景點。

砂勞越河上游的竹製長屋

　　根據比達友族的口述傳說，他們原本居住在印尼加里曼丹的松崗山（Gunong Sun Go Kong），後來才遷到婆羅洲西側沿海一帶，因為常有海盜侵擾，只好再遷往內陸山區較不易被攻擊的地方。

正在製作手工藝品的比達友族耆老。

前往附近耕地耕作的比達友族耆老。

比達友族的長屋特色

　　比達友族人善於使用竹子，竹子是他們的建材及製作日常生活用品的原料，也可做為引水用的管道。傳統的比達友族人習慣共同居住於長屋內，一座長屋裡有好幾戶人家；而傳統的比達友族長屋裡，通常會有一座專門放置敵人頭顱的頭屋，是部落舉辦儀式、會議的場所，也是未婚男青年或者是客人寄宿的地方。

安娜萊斯部落的傳統比達友族長屋。

本努克村的比達友族長屋

　　本努克村（Kampung Benuk）距古晉市區約 28.4 公里左右，是距離市區最近的比達友族傳統長屋，歷史約有一百多年以上。參觀本努克村的長屋前，得先到長屋入口處右側的旅遊諮詢中心買票，外國人的票價為 RM12／人，購票後售票員會交給旅客一把鑰匙，要有這把鑰匙才能打開長屋內的小型博物館，這個空間也就是這座長屋裡的頭屋。

INFO

本努克村民宿（Kampung Benuk Homestay）

🏠 Lrg. Sumur Bunuk 2, Benuk Homestay Centre Km 34, Jalan Puncak Borneo, 93250 Kuching, Sarawak.

📞 002＋60＋19-8498413，002＋60＋14-8821551

✉ borneobenukhomestay@gmail.com

💻 borneobenukhomestay.wordpress.com

f facebook.com/Borneo-Benuk-Homestay-433613073383112

本努克村的比達友族長屋入口處牌樓，附近有間比達友族人經營的本努克村民宿（Kampung Benuk Homestay）。

本努克村頭顱屋內，懸吊在梁柱下的頭顱。

傳統的本努克比達友族長屋，也是以竹子、木板搭建而成。

保存最完整比達友族長屋——安娜萊斯長屋

安娜萊斯部落（Annah rais）的比達友族長屋距離古晉市區約 60 公里，目前約有 141 戶左右，由 Kupo Trakan、Kupo Saba、Kupo Sijo 這三座長屋所組成。根據訪談，比達友族安娜萊斯長屋的歷史至少有 175 年以上，比達友族人在此生活應有超過 500 年。

長屋居民正在屋簷下吃飯。

比達友族婦女示範如何使用傳統的榨甘蔗汁機。

比達友族人通常只有在慶典或舉行儀式時會殺豬，目前安娜萊斯部落的豬全部皆圈養在住家外，這是為了避免讓信仰回教的馬來人旅客看到。

安娜萊斯部落的比達友族人將旱稻種植在丘陵地的緩坡上，田裡有用竹子搭成的涼台，屋頂覆蓋著鐵皮。為了防止小鳥偷吃旱稻，在田裡可以看到用竹子搭成的趕鳥器。

Kupo Saba 長屋的入口處。

比達友族人居住處附近通常會有小溪或山谷，為了方便通過這些天然地形，會利用在地的竹子及亞答樹纖維揉製的繩子製作成吊橋，也因此成了特有的景觀。

安娜萊斯部落的 Kupo Sijo 長屋區，竹製廊道上曬著胡椒、旱稻、木材等。

安娜萊斯部落的 Kupo Saba 長屋區中段有間頭屋，比達友族人將過往的敵人頭顱放置鐵籠內，再吊掛於頭顱屋裡，據說這些頭顱也有上百年的歷史。

背負著農作物的耆老。

熱帶雨林裡的野溪溫泉—安娜萊斯溫泉

　　安娜萊斯溫泉的開放時間是 07:00 ～ 17:00，溫泉位於砂勞越河及山都望河的上游，是一處露天的野溪溫泉，溪邊有三窟溫泉池，溪水非常清澈，水深不超過膝蓋，能夠看見許多比拇指還大的小魚群在腳邊悠游著。

安娜萊斯部落的天然野溪溫泉。

泡在安娜萊斯部落的天然野溪溫泉裡，可以享受山都望河及砂勞越河上游美麗的熱帶雨林溪谷景觀。

住宿資訊

 Program Homestary

　　這間民宿的屋主是一位比達友族的媽媽，房間以雅房為主，衛浴設備共用，是間現代化的馬來建築樣式民宿，傳統的比達友族長屋就在附近。這棟民宿有兩層樓，建議睡一樓會比較涼爽，房間雖然只有電風扇，但整個空間並不會讓人感到炎熱。

雖然這間民宿是馬來式建築而非比達友族人的傳統長屋，但仍可感受到在地的人情味。

---INFO---

Program Homestary

No.58 Kampung Annah Rais, Jalan Borneo Highland, Padawan, 93250 Kuching, Sarawak

比達友族傳統美食（外層裹香蕉葉，裡面包糯米及椰奶），切開前的外觀很像臺灣排灣族的傳統食物「阿拜」。

比達友族的民宿女主人所準備的在地美食，例如蕨類、炒竹筍、鳳梨、魚湯、拉子茄煮排骨湯、豆類炒蛋等。

🐾宿 安娜萊斯比達友族民宿（Annah Rais Bidayuh Homestay）

民宿主人是 Valarie Payan，有多種在地旅遊配套行程，電話為 002+60+16-851-6585。網站：longhouseinborneo.com。

🐾宿 卡隆民宿（Karum Homestay）

民宿主人是 Karum，也可參與民宿的導覽配套行程，電話是 002+60+16-898-1675。地址 67, kpg Annah Rais, Jalan Puncak Borneo, PADAWAN

交通方式

🐾車 包車

推薦可以搭乘 Kuching Tour Buddy 的包車，這家車導對於古晉各族群文化非常熟悉，且會說華語、英語、客語、馬來語等，價錢收費也很合理。連絡電話：002+60+17-867-988；E-mail：Kuchingtourbuddy@gmail.com，Facebook 粉絲專頁搜尋「Kuching Tour Buddy」（zh-tw.facebook.com/Kuching-Tour-Buddy-489676254420128）

🐾車 迷你巴士

可在古晉市區的露天巴剎尋找找白色 ZONE 3 的 Van（可以坐 10 ～ 12 人的小巴），發車時間請到古晉市區的露天巴剎和附近店家確認，回程搭巴士時間也請上車後向司機

白色迷你小巴 ZONE 3 可以從古晉市區搭往安娜萊斯部落的遊客諮詢中心前，但發車時間到當地後得和在地人確認。

確認。從古晉市區到安娜萊斯部落長屋的車資約為 RM10 ／人起。

冷嘛吶河的傳統伊班長屋

伊班族人占了砂勞越州 1／3 以上的人口，東馬婆羅洲的伊班族人主要分布於砂勞越州的砂隆河（Sadong River）以北至沙巴州斗湖省的主要河口或是內陸河流一帶，因此又被稱為海達雅克（Sea Dayak）。伊班語屬於波里尼西亞語系中的馬來語分支，長屋、長舟、刺青是伊班族人最主要的文化特色。

在冷嘛吶上乘著長舟的伊班族人。

傳統的伊班族長屋特色

伊班族人的長屋使用年限約 15 至 20 年，當長屋周邊的土地無法再耕作時，就會沿著河流繼續尋找新的居住地。若有人要探訪伊班族的傳統長屋，就得搭著小舟在河流沿岸尋覓。一座伊班族長屋由許多戶人家所組成，長屋內可區分為公用的私有空間以及獨立的私有空間，進到傳統的長屋前，得先爬上一小段木梯。伊班族人很喜歡養狗，狗可以自由地在長屋內活動，是狩獵的好幫手。

伊班族非常重視長屋的空間規劃是否平均，由長屋的橫剖面來觀察，將長屋想像成一條被均等橫切的蛋糕，每一等分都有它專屬的家戶，每一家戶的住宅單位由房間、客廳、陽台這三項空間元素組成。一座長屋由數個家戶單位集結而成，當有新增的家戶房間已無法克服地形增建於長屋時，就得要再新建一座長屋。

若從南甲牛麻長屋的傳統入口進入長屋，得先經過一小段木梯。

南甲牛麻長屋的尾端。　　　　　　　　　　　　　長屋的室內空間。

從古晉市區前往冷嘛吶河

　　從古晉市區前往位於斯里阿曼省魯勃安都縣（Lubok Antu）冷嘛吶河（Lemanak River）流域的伊班族長屋，通常得搭四至五個小時的車，外國旅客得聘任一位在地嚮導，才有辦法探訪冷嘛吶河流域裡的伊班族長屋。在地嚮導在交通行程的安排上，會先在西連縣（Serian District）的傳統市場採買旅客住宿長屋的食材，接著在位於印馬邊界的拉招（Lachau）小鎮吃午餐，接著才會繼續前往冷嘛吶河的渡船頭。

冷嘛吶河的渡船頭。

在西連傳統市場的攤販內，可以看到許多在地的榴槤、臭豆、南瓜、芒果、波蘿蜜等蔬果。

拉昭小鎮餐廳外的攤販，偶爾會看到在地人在賣碩蛾蟲。

冷嘛吶河最傳統的伊班族長屋—娜哪科夕長屋

娜哪科夕（Nanga Kesit）長屋約有 50 年以上的歷史，建在約 2 公尺高的干欄柱上，是冷嘛吶河流域最傳統的伊班族木構造長屋。室內的客廳有幾處鋪上蓆子，這裡還可看到老人、小孩、狗在長屋內活動，長屋內的地板間隙可以看到在下方活動的家禽、家畜，牆壁以竹子交錯織成。

冷嘛吶河最傳統的伊班族長屋的室內空間。

冷嘛吶河最傳統的伊班族長屋外觀。

南甲牛麻長屋

　　Cemcem 在冷嘛吶河探訪伊班族部落期間，住在名為南甲牛麻（Nanga Ngemah）的長屋，當客人長舟靠岸時，長屋裡的伊班族人會拿起銅鑼噹噹噹的敲著，告訴屋內居民客人到了。這座長屋約有 30 年左右的歷史，但居民住在這個區域有 5 代左右，住戶約有 35 戶，木構造的天主教堂位於長屋後方小丘上。廚房上方橫梁可以看到狩獵取得的山豬顎骨。長屋發電機可供電時間只有晚上 18:00 ～ 23:00，這裡沒有網路可收 Wi-Fi，狗兒可以很隨興的自由進出整座長屋及各家房間。

伊班族人稱屋長為 Tuai Rumah，目前南甲牛麻長屋的屋長姓名是 Encik Alo Anak Kanyang（在地華人習慣稱他為「阿龍」），照片中的耆老是屋長的父親。

這間長屋招待訪客住宿或休憩的地點（Pantai）做了架高的設計，有如大通鋪般。其他的長屋只是在該處鋪幾張蓆子而已，不會特別抬高。

正在吃早餐的一對母女。

INFO

南甲牛麻長屋（Nanga Ngemah）

📍 Nanga Ngemah Lemanak, Lubok Antu（中譯：魯勃安都縣，冷嘛吶河，南甲牛麻）

照片中的主角是臺灣臺東縣蘭嶼鄉達悟族人養的豬，和伊班族人養的豬相較，鼻子較短，耳朵也較大。

冷嘛呐河伊班族人養的豬在長屋（rumah panjai）底下活動，砂勞越的華人統稱原住民的豬為「拉子豬」，「拉子」這稱謂就有如臺灣漢人過往稱原住民為「番仔」般的語意。

馬來魚鴞和臺灣的黃魚鴞有鳥類上的親緣關係，有雙短短的小耳朵，眼白黃色，不太怕人。

橫梁上掛著山豬骨頭，所有的藤編器物則掛在牆上。屋主廚房（dapor）還真像排灣族人的工寮（tabau）。

伊班族的嚮導說，冷嘛呐河的旱稻一年一作，需種在不會積水的山坡地。種植旱稻前，得先用火燒過砍伐後的樹叢，讓土地獲得養分後，用尖木乾（tugal）在土地上插洞，再撒下旱稻的種子。嚮導的胡椒園就在他的旱稻耕地對面。

牛麻烏魯長屋

　　牛麻烏魯（Ngeman ulu）的伊班族長屋離南甲牛麻長屋不遠，這間長屋招待訪客住宿或休憩的地點沒有另外架高，僅鋪上幾張蓆子，作為與客廳空間上的區隔；通往閣樓（Sadau）的樓梯設在房間的外面，而不是建在房間內。

本固魯（Penghulu）的位階比華人甲必丹或伊班族長屋屋長的身分還要高，冷嘛吶河流域的長屋皆是他的管轄範圍。這位年長的本固魯腳上有刺青，象徵很會走山路且善於狩獵，脖子上刺青蛙（Katak）才可以保護身體的靈魂，本固魯說那是他在 1957 年成功獵首敵隊族群後才刺的。

牛麻烏魯長屋的室內空間，牛麻烏魯長屋的屋長是 Juan ak Beluiok。

房間外設有樓梯通往閣樓。

在地導覽行程安排

　　在華語嚮導帶領下，若從古晉市區出發前往冷嘛吶河的長屋，一個人參與三天兩夜的套裝行程總費用約在 RM1,500 左右，費用含括了長屋及周邊導覽、古晉市區至冷嘛吶河河口去回程包車、小舟接駁、尋找野生紅毛猩猩、巴當艾水壩、給接待長屋家戶的住宿費、三餐、文化表演活動等。一艘伊班族長舟最多只能載 6 個人，這 6 個人包含了嚮導、伊班族船夫、再加上最多四位旅客，若可找到三位身材纖細的朋友一起參與活動，也許費用可攤至每人 RM1,200 左右。

砂勞越在地華語嚮導呂浩炫（Louis Lu）。

TIPS

關於嚮導

　　砂勞越在地華語嚮導呂浩炫的聯繫電話為 002＋60＋16-8665516，E-mail: louis9696@yahoo.com。若大家無法投注大量時間做仔細的行程規劃及交通處理等事宜，Cemcem 推薦讀者可以請這位嚮導協助安排行程，讓真正對於砂勞越生態、文化有熱誠且擁有相關知識的專業領隊，帶領大家探訪伊班族人的雨林部落及傳統長屋的生活。

加拉必高原的巴里奧盆地內的加拉必族長屋

　　巴（Pa）在加拉必語意指「河流」，因此他族稱這裡文化與生活型態一樣的族群為加拉必族，但加拉必人習慣以部落名或長屋名為自稱。傳統的加拉必族人以狩獵、採集、在高原灌溉水稻、飼養豬、水牛、雞為生。

　　加拉必高原（Kelabit Highlands）位於婆羅洲的內陸，是處山裡的盆地，海拔約在 980 至 1,065 公尺間。過去，加拉必族人從住處走到砂勞越西岸，可能得花上二到三個星期，當巴里奧盆地有了機場後，從美里市區搭飛機到巴里奧盆地只要四十五分鐘。加拉必高原的土壤以淋溶土為主，森林植被常見石楠灌叢、貝殼杉、方枝木麻黃，是婆羅洲鬚豬、鼠鹿、婆羅洲馬來熊、溪松鼠、蘇門答臘犀牛、婆羅洲雲豹活動的家園。

飛機上俯瞰加拉必高原裡的巴里奧盆地稻田。

傳統的加拉必族長屋—巴里奧阿沙

　　阿沙（Asal）的馬來語意是「原始的」，巴里奧阿沙長屋（Bario Asal Longhouse）位於加拉必高原裡的巴里奧盆地，是巴里奧盆地裡的第一間長屋。在地的加拉必人和 Cemcem 說，若不管 1962 年之後的長屋重建，加拉必族人在巴里奧盆地興建長屋的歷史已有上百年了。

巴里奧阿沙長屋的外觀。

俯瞰巴里奧阿沙長屋區。

巴里奧阿沙長屋的公共客廳。

加拉必族長屋的傳統結構

　　巴里奧阿沙長屋是棟木構造的建築，擁有 22 個爐灶，代表這間長屋共有 22 戶。加拉必族的長屋和婆羅洲其他族群的傳統長屋一樣，擁有可互通的寬敞客廳（Tawa）；和其他族群長屋不同之處，在於整座長屋僅以一道木製的牆區分為客廳及廚房（Dalem）。廚房的爐灶數量是計算長屋家戶的單位，沒有另外再隔間，雖是長屋各家戶的私領域空間，卻可一目了然，女性煮飯或者是夫妻、小孩睡覺的空間都在此，加拉必族人的親屬觀念是建立在大家族下的思維。

住在長屋區最中心位置的族人，地位也最高。

巴里奧阿沙長屋的廚房區是加拉必夫妻、小孩、老人休憩的地方。

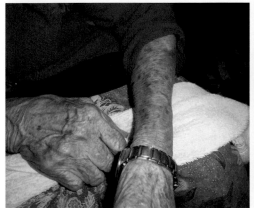

百歲耆老的紋身。

八十歲以上的耆老仍保有長長的耳垂與耳洞，是長年配戴黃銅耳環的結果。

巴里奧盆地的市集廣場

　　巴里奧盆地有幾間小雜貨店，到了週六上午，會有許多小攤販聚集在巴里奧市集廣場，在地及附近村莊居民會在此兜售農特產品、手工藝，以及巴里奧唯一販賣 Wi-Fi 的 eBario。

巴里奧盆地的市集廣場。

巴巫毛部落。

周邊遍地豬籠草─
巴巫毛部落

　　從巴里奧機場步行到巴巫毛部落（Pa'Umor）約 50 分鐘左右，巴巫毛村很特別，四周圍籬圍起來，圍籬旁還有淺淺的小水溝，但周邊沒有水稻田，放眼望去是灌木叢及長了許多如犀牛角狀的豬籠草、以及在地華人喜歡吃的蕨類巴拉醬（Balatjan）。

巴巫毛部落周邊生長許多的豬籠草。

探訪神祕圖騰雕刻─阿魯爾比利農場的石雕

　　阿魯爾比利農場有座早期先人刻的石雕（Batu Narit），上面雕刻著一位勇士站在他獵來的敵人頭顱上方。許多人經過巴巫毛村除了是要參訪製作鹽泉的工寮，也是要順道來探訪這座石雕。

阿魯爾比利農場內刻有石雕的巨石。

加拉必高原上的巴里奧盆地鹽泉

　　距離砂勞越西岸沿海非常遠的巴里奧盆地有二十多座鹽泉,加拉必族人常常很自豪的說:「我們加拉必有鹽泉,很少像伊班族般,常有人出現大脖子的症狀。」加拉必高原的鹽含有碘,讓這裡的人們避免甲狀腺腫大的困擾。出發前往鹽泉需有在地嚮導帶領,因為叢林裡的叉路多且泥濘,一不小心腳就會陷入濕濘的沼澤中。因為巴里奧的製鹽方法非常有機且健康,不加任何人工化學物品,非常受到馬來西亞各地人們或者是外國旅客的喜愛。

巴里奧盆地的古法煮鹽泉。

巴里奧盆地的鹽。

馬來西亞最優質的有機香米—巴里奧米

　　巴里奧盆地的長粒香米（pade adan）是馬來西亞聲譽極佳的米（Bario rice）,許多人到訪巴里奧盆地的目的之一,就是要品嘗加拉必族人以天然無毒有機農法栽種的長粒香米。若要購買加拉必高原的米,請直接向長屋裡種稻的耆老購買,才有機會買到巴里奧盆地純正的長粒香米。

天然有機的巴里奧盆地水稻田。

住宿資訊

🐾宿 新娜浪民宿（Sina Rang Lemulun Homestay）

　　新娜浪民宿與手工藝（Sina Rang Lemulun Homestay & Handicraft）位於巴里奧阿沙長屋內，是 2012 年才開幕的民宿，女主人是一位加拉必族的媽媽，烹飪的手藝非常好，也會編製加拉必族的傳統項鍊、服飾。民宿費用包含住宿、三餐，其他費用另計，若想學手工藝，可再多付費請新娜浪媽媽進行教學，若想找嚮導也可請她推薦。房間形式以簡潔的雅房為主，自然水不太穩定，晚上偶爾會跳電，但這些狀況對於居住在巴里奧高原裡的居民而言是生活常態，請別用苛刻的標準對待這裡住宿條件。

新娜浪民宿的活動空間。

INFO

新娜浪民宿（Sina Rang Lemulun Homestay）

💲 相關價格：
1. 住宿含三餐，成人 RM80 ／天，12 歲以下兒童 RM55 ／天，2 歲以下嬰幼兒免費；洗衣服 RM10 ／次
2. 長屋入場費：住宿旅客 RM2、非住宿旅客 RM5、長屋導覽 RM10 ／人
3. 機場至長屋接駁，RM30 ／趟
4. 歡迎儀式：RM300 ／團；傳統舞蹈表演 RM300 ／團；手工藝製作 RM25 ／人

📧 rangshomestayhandicraft.blogspot.tw

📘 facebook.com/SinahRangHomestayAndHandicraft

加拉必高原上的巴里奧盆地飲食

　　若住宿新娜浪民宿，就有機會吃到新娜浪媽媽準備最道地的加拉必家常便菜（如：雞肉、長豆、南瓜、木瓜、豬肉、青菜）與稻米，還有機會品嘗到非常香甜多汁的巴里奧鳳梨。巴里奧盆地內也有幾家小型的雜貨店或餐廳販售食品，由於許多物品須靠空運或者是 12 小時車程以上的四輪傳動才能送達，因此價錢可能會比平地貴 RM1 以上。

加拉必高原上的巴里奧盆地嚮導

　　聘請加拉必的嚮導，費用約 RM120 ／日；若要登山及過夜，則須 RM150 ／日。有興趣的朋友可以聯繫 Cemcem 在巴里奧盆地所聘任的嚮導 Larry（電話：+6019-835-223），他是位非常熟悉巴里奧山區環境及加拉必生態知識的獵人，或連繫住在巴里奧阿沙長屋的華語嚮導劉先生（是位退休的直昇機修復工程師，也有經營民宿，太太是加拉必族人，電話：+6019-858-1831）。

交通資訊

前往巴里奧盆地的交通方式

　　從美里機場搭小飛機到巴里奧盆地是最方便的一件事，但是機票得提前一個月預訂，若遇到旺季可能三個月前就要準備訂機票了。到了巴里奧機場後，原則上重裝從機場走到巴里奧盆地內的民宿大概一小時內都可以抵達。若要體驗從美里搭乘 12 小時四輪驅動車到巴里奧的經驗，可以請民宿主人協助聯繫司機。

加拉必高原產的稻米、青菜、雞肉大部分仍以傳統農法種植或養殖，食物品嘗起來非常新鮮美味。

巴里奧盆地的嚮導 Larry 及妻兒。

巴里奧機場與小飛機。

婆羅洲北端半島的龍古斯族長屋

龍古斯族（Rungus）在沙巴州的人口數約六萬人左右，是沙巴州人口最多的卡達山—杜順族（Kadazan-Dusun）的分支。龍古斯族的生活空間分布範圍從古達半島的古達省東布龍古斯河岸一帶，以及馬魯都灣東岸（Marudu Bay）。據說英國人到訪古達詢問地名時，龍古斯族人誤會英國人的意思，以為他們想知道河邊某種草藥的名稱於是回答：「Kuta」，古達也因緣際會成為這個地方的名字，取代原本的名稱「東布龍古斯」。

巴旺卡紹村的瑪蘭雅克長屋

龍古斯族人稱長屋為比哪坦（Binatang），建材以木材、竹子、亞答葉（水椰）為主，為了避免水患以及野生動物的干擾，以婆羅洲鐵木、紅樹林等樹種為干欄式結構基礎，屋頂鋪蓋曬乾後的西谷米樹葉或水椰，每三至五年需更換屋頂一次。牆壁由一種名為蔓辣拉楠樹（Manzalangan）的樹皮製成，牆壁上的縫隙讓外人可以窺視房間內人們的作息。

竹子及亞答葉是興建龍古斯族長屋的主要建材。

地板由劈半的竹子製成，讓自然風得以從竹縫間穿透流動到室內。

長屋內的門越多，代表戶數也逐漸增加中，長屋也就會越建越長。

長屋內每一家戶的居住使用空間稱為 Sirang，可區分為每個家庭私有的獨立房間以及公用走廊。

家庭的私人空間（Ongkob）內，Tingkang 是睡覺的地方。

廊道（Apad）是每戶家庭可讓大家共用的區域。

傾斜的廊道牆壁設計，方便婦女可以舒服地靠著牆壁坐著織布或手工藝創作。

龍古斯族長屋的干欄式建築技術可以克服丘陵起伏地形的障礙，使地板與地平線維持水平。

龍古斯長屋的外觀。

當代的龍古斯族婦女服飾。

煙燻採蜂蜜──貢比紹村

貢比紹村（Kg. Gombizau）是鄰近於巴旺卡紹村（Kg. Bavanggazo）的龍古斯族部落，居民主要以養蜂及販售蜂蜜維生。貢比紹村周邊的樹林裡，放置許多讓密蜂築巢的軟木箱，要採蜂蜜時，以煙燻的方式驅除蜜蜂，接著取出蜂巢擷取蜂蜜。貢比紹村標榜著純天然品質，一瓶 350ml 的蜂蜜為 RM35，進入村莊參觀蜜蜂農場的門票為 RM5。

貢比紹村自產的蜂蜜。

貢比紹村的龍古斯族人示範如何煙燻蜜蜂。

交通資訊

🐾 大眾交通方式

　　瑪蘭雅克長屋（Maranjak Longhouse Lodge）位於古達縣 Matunggong 區的巴旺卡紹村（Kg.Bavanggazo），距離古達鎮南方約 40 公里處。若有預定瑪蘭雅克長屋住宿，可以另外付費請他們接送；但若要自行搭乘巴士，亞庇市區搭巴士地點位於獨立大草場車站，搭乘 KK → Kudat 的巴士，並告知司機要在最靠近瑪蘭雅克長屋的地方下車，再步行抵達目的地（巴士票價約為 1 人 RM 30）。

亞庇往古達的巴士。

馬蘭雅克長屋旁的龍古斯文物展示館。

體驗住宿龍古斯族傳統長屋

瑪蘭雅克長屋民宿

　　Maranjak Malarag 先生是瑪蘭雅克長屋的創始人，他為了向世界各地的人們介紹龍古斯族的文化，因此將這座長屋經營為旅社。若從 Agoda 訂房網站預定，兩晚的單人宿舍含早餐的總金額為臺幣 1,433.60 元（含：飯店稅 6%、服務費 10%、早餐），房內附有蚊帳、肥皂、毛巾、瓶裝飲用水、電風扇。

INFO

瑪蘭雅克長屋（Maranjak Longhouse Lodge）

🏠 Peti Surat 17, POs Mini Matunggong, Sabah

💻 瑪蘭雅克長屋有配套導覽行程，網站預訂行程：sites.google.com/a/maranjaklonghouselodge.com/www/contact-us

⭐ 長屋旁有棟小間的龍古斯族文物展示館；另外，巴旺卡紹村的發電機約 18:00 啟動，22:00 左右就沒有電了。

東馬城郊小旅行

亞庇
加亞街、信號山

亞庇的馬來語原名為 Api-Api，意思是「火」，地名的緣由有三種說法。據說早期在地居民喜歡在慶典節日時放煙火，以至於常讓覆蓋亞答葉屋頂的木造房舍及店家遭祝融，因此稱此地為 Api-Api；第二種說法，是因這裡的海岸生長許多可當作柴火的紅樹林海欖雌科樹種 Avicennia。另種說法，是因這裡有個名為 Api-Api 意為「螢火蟲」的漁村。Api 音譯為華語即「亞庇」。

亞庇的馬來語為「Kota Kinabalu」，華語音譯「哥打京那巴魯」，簡稱 KK，在 2000 年時升格為亞庇市。人口以華人居多，其次為蘇祿族、巴夭族、卡達山杜順族等原住民族群，凸顯出亞庇這座海港城的多元族群樣貌。

加雅街路口處有座牌樓，上方寫著「政通人和」及「國泰民安」。

班可巷在週日時，成為在地農特產攤販匯聚的小市集。

華人農曆新年期間在加雅街的舞龍舞獅隊伍。

亞庇市區的華人街—加雅街

　　加雅街位於亞庇市區的中央，發展於英國殖民時期，現在所看到的店屋大約是興建於二次大戰後的 1950 至 1960 年代間。這條街的建築空間設計，通常一樓會經營店面，二樓以上作為住宅，承襲早期的建築規劃，街道兩旁有多間華人經營的老店掛著繁體中文字招牌，假日時是條熱鬧的週日市集。加雅街及海滂街（Jalan Pantai）間有條路名為班可巷（Lorong Bank），週日時也可看到許多在地農特產攤販匯聚的小市集。

亞庇市二戰前倖存古蹟—沙巴旅遊局

　　沙巴旅遊局興建於 1916 年，前身曾是印務館、財政署、市議會、郵局等，是亞庇市區歷經第二次世界大戰後，所倖存的三棟古蹟之一，1991 年起才成為沙巴旅遊局的辦事處，遊客可以在此找到沙巴州豐富的旅遊簡介，門外右側有個亞庇市區 0 公里的定位點。亞庇市區的另棟歷史建築「土地測量局」，則在 1992 年元旦當日被焚毀。

興建於 1916 年的沙巴旅遊局，是亞庇市區在第二次世界大戰後倖存的三棟古蹟之一。

─── INFO ───

沙巴旅遊局

⌂ Sabah Tourism Board, 51 Gaya Street, 88000 Kota Kinabalu, Sabah Malaysia

☎ 002+60+88-212121

🕐 週一至五：08:00~17:00；週六至週日或公眾假期：09:00~16:00

🖥 sabahtourism.com

加亞街美食

🐾 瓊萬興茶店

在瓊萬興茶店裡，可以吃到用料非常實在、美味且價格實惠的豆沙包、肉包等，店家非常推薦紅豆湯，品嘗的口感非常地綿密濃稠。豆沙包的價格一顆為 RM1.2，豬肉包的價格一顆為 RM1.5，紅豆湯的價格為一碗 RM1.8，總價為 RM4.5，若自助旅行的餐費不足，瓊萬興的餐點可以讓大家省下許多荷包。

瓊萬興茶店的豆沙包用料飽滿，吃起來口感紮實。

▬INFO▬

瓊萬興茶店

🏠 80, Jalan Gaya, Pusat Bandar Kota Kinabalu, 88000 Kota Kinabalu, Sabah, 馬來西亞

📞 002+60+16-8494708

🕐 每日 05:00～17:00

🐾 舊街場咖啡（Old Town White Coffee）

加雅街上的舊街場咖啡，是在西馬四處可以看到的連鎖店。這裡可以享受冷氣空調，品嘗好吃的牛油咖椰吐司（Kaya Butter Toast），再配上一杯經典的咖啡或拉茶（Tea Tarik），即可享受美味的早餐或下午茶。

美味的牛油咖椰吐司與拉茶。

▬INFO▬

舊街場咖啡（Old Town White Coffee）

🏠 53, Jalan Gaya, Pusat Bandar Kota Kinabalu, 88000 Kota Kinabalu, Sabah, 馬來西亞

📞 002+60+88-259881

🕐 每日 06:30～01:30

🌐 oldtown.com.my

🐾🍴 富源茶餐室（FOOK YUEN）

富源茶餐室也是加雅街值得品嘗的餐廳，餐點非常平價，採取自助式取餐的方式讓饕客挑選喜歡的美食，有各式的麵包、港式點心、炸物、乾撈麵等，其中最受在地人及旅客推薦的是牛油椰香吐司及拉茶。

這間茶餐室的食物選擇性多，且非常的平價、美味。

---INFO---

富源茶餐室（FOOK YUEN）

🏠 69, Jalan Gaya, Pusat Bandar Kota Kinabalu, 88000 Kota Kinabalu, Sabah, 馬來西亞

📞 002+60+88-447784

🕐 每日 06:30～01:00

鳥瞰亞庇市與南中國海─信號山

先經過加雅街上的舊街場咖啡旁小路，再穿越 Jalan K.K.Bypass 這條大馬路，接上在 J.Dewan 這條路後，就會看到澳洲坊後方有棟三層樓加蓋的土黃色花園旅館，往信號山觀景台的步道就在花園旅館旁的山腳邊。從登山口開始走塑化木鋪成的階梯到山頂，路程大約250m 左右，途中還有一座小涼亭，若走得快，大約 10 分鐘內即可抵達信號山頂的觀景台（Signal Hill Observatory）。亞庇市信號山（Signal Hill）的高度約 80m，可以眺望南中國海上的遠方小島及亞庇市正在擴張中的景觀。

信號山的登山口。

信號山觀景台眺望亞庇市區及海景。

亞庇市歷史最悠久的英式建築─艾京生鐘樓

　　艾京生鐘樓（Atkinson Clock Tower）位於 J.Dewan 後方不遠的巴萊士山（Brace Hill）上，若從信號山的觀景台出發，可以沿著 J.Bukit Bendera 走，大約 10 分鐘左右，會先抵達鐘樓後方的小型停車場，接著才看到牆面為白色的木構造鐘樓，橘紅色的屋頂上方還架設一隻風向儀。這座鐘樓是亞庇市區歷史最悠久的殖民建築，也是二次大戰後亞庇市僅存的三棟古蹟之一。

　　這座鐘樓紀念著英國北婆羅洲公司殖民沙巴州時期的第一任哲斯頓（亞庇市的前身）總督法蘭西斯・喬治・艾京生（Francis George Atkinson），他在 28 歲（1902 年）因染上瘧疾病逝，悲痛的母親遠從英國訂製這座白色典雅的木造鐘樓來懷念他的兒子。鐘樓旁有階梯可往下走到 J.Dewan 的登山口，附近有間警察局。

艾京生鐘樓下方的階梯。

艾京生鐘樓。

交通資訊

🐾🚗 亞庇機場到加雅街

沙巴州亞庇機場第二航廈（Terminal 2）是亞洲廉價航空的航廈所在，在機場大廳一樓左側有機場巴士的櫃檯，若要到加雅街牌樓附近，可以買票在豪麗勝飯店（Horizon Hotel）大門前方下車，票價為 RM5。機場巴士的搭車地點位於機場大門對面車道旁的安全島上，下車處的豪麗勝飯店對面的小圓環有座白天鵝雕像，前方還有一座寫著馬來西亞建國紀念（Tugu Peringatan Malaysia）的白色牌樓。往那牌樓旁的人行道走去，不到 1 分鐘就可以看到加雅街的牌樓。

從機場到加雅街的票價為 RM5。

亞庇市區住宿推薦

🐾🏠 畫廊飯店（De Galleria Hotel）

畫廊飯店附近有夜市及餐廳，飲食上非常方便。房間設施有冷氣、電視、茶几、簡單的乾濕分離衛浴設備，房間的空間不大，但還算舒適。一晚臺幣費用為 677 元（包含飯店稅 6%、信用卡交易手續費）。

畫廊飯店的房間價位平價，房間內部的環境整理的非常舒適雅致，樓下附近也有夜市及餐廳。

┌ INFO ─────────────────────
畫廊飯店（**De Galleria Hotel**）
🏠 14, Jalan Pantai, Kampung Air, 88000 Kota Kinabalu, Sabah, 馬來西亞
📞 002+60+88-264166
f zh-tw.facebook.com/De-Galleria-Hotel-126640994038080

滂海飯店（Pantai Inn）

滂海飯店，離加雅街路口
處的牌樓很近，住宿一晚費用為
RM90.5，房間內有冷氣、獨套衛
浴設備、電視、梳妝台等，在此住
宿的飲食、交通都很方便，整體環
境還算安全、乾淨、舒適，櫃檯服
務人員有在地原住民及華人。

INFO

滂海飯店（Pantai Inn）

🏠 57, Jalan Pantai, Pusat Bandar Kota
Kinabalu, 88000 Kota Kinabalu, Sabah,
馬來西亞

📞 002＋60＋88-217095

滂海飯店位於加雅街附近，斜對面為機場巴士停靠站之一的「豪
麗勝飯店」。

金御城酒店（Goldenhill Hotel）

金御城酒店離亞庇機場二航廈約 5 分鐘的車程，有免費的機場接送服務，房間整理的很
舒適、乾淨。從 Agoda 等訂房網路預定的話，一晚價格約新臺幣 900 元左右。

INFO

金御城酒店（Goldenhill Hotel）

🏠 Lot 10, Pekan Tanjung Aru, Jalan
Pinang 88100

📞 002＋60＋88232823

💻 goldenhillhotelsabah.com

✉ goldenhill_hotelsb@hotmail.com

金御城酒店房間擺設。

水上村、老教堂

山打根位於沙巴州的東海岸，是雙溪族（Orang Sungei）、Ida'an 族、摩祿族、杜順族（Dusun）、巴夭族、蘇祿族（Suluk）、Irranun 族等原住民的傳統生活空間，也是世界各地旅客探訪沙巴州東部豐富的野生動物生態之重要入口。山打根擁有天然的海灣、豐沛的生態及自然資源，在過往的歷史年代裡，吸引了中國的燕窩採集者、德國貿易商、蘇祿蘇丹的人民、蘇格蘭探險家前來。20 世紀初期，Charles Bruee 及 Elizabeth Mershon 筆下所描述的山打根交通，以水路為主，低地沼澤區常可看到犀牛、紅毛猩猩、鱷魚等動物。

山打根是沙巴洲重要的木材輸出港，早期北京修建天壇用的原木料也出於此地，在過去伐木業非常興盛的年代裡，據說是世界上最多富豪的城市。

山打根是個海港城市。

多元族群共處的海上屋─森森水上村

森森水上村（Kampung Buli Sim Sim）是山打根市郊較容易觀察到多元族群生活特色的地點，據說居民約有 13,000 人。19 世紀期間，曾有許多德國貿易商在此聚居，現在所看到的水上村為在地政府於 1969 年期間所興建的。

水上村有八座主要橋梁，橋梁兩側搭建了許多干欄式木構造或鋼筋水泥構造的住家，有的住家還有私人小碼頭，各座橋之間也搭蓋著可以彼此

森森水上村風貌。

森森水上村的干欄式建築外觀。

互通的廊道。森森水上村的住戶有華人、馬來人、早期從菲律賓海島遷徙至山打根的菲律賓人，同個族群大部分以住在同一條橋上為主。干欄式的基柱旁，可以觀察到鬆軟淤積的海泥上方有許多螃蟹活動，時常會吸引水鳥在此駐足。

品嘗山打根特色海鮮必吃

🐾食 森森水上村的平價海鮮餐廳

山打根的森森水上村海鮮以平價、美味而聞名，以第八橋的森森海上風味為例，老闆推薦的皮蛋蝦餃（RM6.9）、乾炒蛋麵（RM8）、苦瓜蟹肉（RM10）都值得一試，每盤的分量約是臺灣人的二人份。在此吃飯還可欣賞海面上的水鳥、熙來攘往的小漁船，餐廳海鮮來自附近海域，看著漁夫將網內的螃蟹、漁獲提上餐廳，可以明白為什麼山打根人非常推薦這裡的海鮮。

森森海上風味的海鮮：皮蛋蝦餃、乾炒蛋麵、苦瓜蟹肉。

交通方式

從山打根市區到森森水上村

若要從山打根市區搭巴士到森森水上村，可在靠海邊的市區迷你巴士站搭乘寫著「SKN100」的藍白色中巴，請注意前方掛的牌子是否寫 SIM-SIM，上車付 RM0.8 的車資給驗票員即可。森森水上村的範圍有點大，若要品嘗海鮮，建議在包公廟附近下車，那裡靠近第六橋的入口，離第八橋尾端華人開的海鮮餐廳較近。回到山打根市區時，可在原下車處等車，或再往前走到大馬路邊，有較多大小巴士回山打根市區，搭小巴抵達山打根市區的車資為 RM1。

山打根市區往森森水上村的中巴。

山打根最古老的花崗岩天主堂——聖米迦勒與眾天使教堂

從山打根市區的聖堂路（Jalan Puncak），可以走到位於埃爾頓山區（Elton Hill）的聖米迦勒與眾天使教堂（St Micheal's & All Angels Church）。聖米迦勒與眾天使教堂是北婆羅洲第一座以花崗岩為建材的教堂，由當時的威廉・亨利・埃爾頓神父（William Henry Elton）請監獄裡的犯人從森森水上村對面山區的花崗岩壁開採石材，耗費 25 年的時間興建，於 1893 年興建完工，當時的信徒有英國人、華人、在地原住民等。

二次大戰期間，當時被日本人俘虜的二千多名英澳籍士兵到山打根的第一天，曾住在這個教堂裡，現今在教堂窗戶及主要入口附近可見的美麗彩繪玻璃，由澳洲著名的戰爭史學家 Lynette Silver 發動捐贈，並且受到二次大戰期間身亡於沙巴的澳洲戰俘家屬後代響應資助，由手工彩繪玻璃藝術家 Philip Handel 製作，作為對於第二次世界大戰結束後的六十週年紀念。

┌ *INFO* ─────────────────────

聖米迦勒與眾天使教堂

💲 成年的外國人：RM10、成年的馬來西亞公民：RM5、未成年：免費

聖米迦勒與眾天使教堂是山打根市歷史最悠久的教堂。

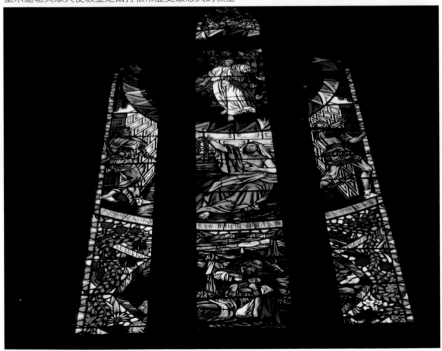

彩繪玻璃的圖案表達聖經的故事,以及對於二次大戰期間客死異鄉的英澳籍士兵之懷念。

住宿資訊

婆羅洲山打根背包客旅館（Borneo Sandakan Backpackers）

這家旅館位於山打根的假日市集旁，交通及飲食都很方便，老闆是位會說中文的馬來人年輕人。旅館環境讓人覺得舒適且放心，房型也可依需求及預算有不同的選擇，住宿費含早餐。

婆羅洲山打根背包客旅館的櫃檯。

INFO

婆羅洲山打根背包客旅館
（**Borneo Sandakan Backpackers**）

📍 1 Star Hotel Borneo Sandakan Backpackers, HS-05, Lot 55, 1st Floor, Sandakan Harbour Square

💲 住宿價格：

房型	內容（房間皆有空調及壁扇，含早餐）	價錢
宿舍房	6 人宿舍	RM30／人
單人房	單人床	RM55／間
雙人房	雙人床	RM70／間
三人房	一大床、一小床	RM100／間
家庭房	兩大床	RM130／間

📷 borneosandakan.com/backpackers
f facebook.com/BSBackpackers

交通資訊

飛機

從亞庇國際機場可搭乘國內線班機往山打根，飛行約 45 分鐘左右即可抵達山打根機場，機場附近有巴士可抵達山打根市區，車資約 RM1。計程車資約為 RM30～35 間，推薦 Cemcem 曾經搭過的計程車，司機是位和藹且健談的馬來人，聯繫電話為 002+60+128-181-457。

市區巴士、計程車

在 Jln Tiga 有很多計程車，市區景點半日探訪的包車價約為 RM50。市區有迷你巴士站及大巴士站，發車時間及前往目的地的資訊標示不太明確，建議和旅館或巴士站再次確認如何搭乘巴士到目的地是最安全的做法。若時間充裕，以步行方式探訪市區各古蹟景點是最佳之舉。

🐾🚌 長途客運

走到市區迷你巴士站，搭乘車身寫著 SKN112 的 No4. 往 Taman Lefaf 或 Taman Mesra 的小巴，記得要和司機強調要抵達可轉搭到亞庇的長途客運站，從山打根市區到市郊的長途客運站車資約為 RM5，下車後得再小心地過馬路，才能抵達下車處對面的長途客運站。長途客運站有販售 SIDA 客運以及東馬客運的車票，到達亞庇市區長途客運站的車資為 RM43。

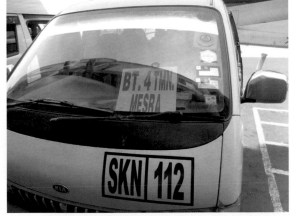

可搭乘前往長途客運站的 SKN112 的 No4. 往 Taman Lefaf 或 Taman Mesra 的小巴。

山打根市郊的長途客運站。

加拿大山、大馬第一座鑽油井

美里市（Miri）位於砂勞越州最北邊的美里省境內，北邊是汶萊，2005 年 5 月 20 日才升格為城市。美里的名稱，源自於市區東側的美里河（Sungai Miri），早期這裡只是個河口會淤積的小漁村，對外交通僅能靠海運，每到東北季風來臨時，對外交通完全斷絕。一直到 1882 年，巴南河流域的居民 Claude Champion de Crisping 紀錄了美里在地人挖到 18 口油井，以及日常生活中使用這種土油的過程，引起身為人類學家兼地理學的峇南省長（美里省前身）查理士荷西博士（Dr. Charles Hose）的注意，因而讓美里開始靠開採石油翻轉命運。

美里市區可看到中文及馬來文並列的路標。

老虎傳說與石油開採——
加拿大山

早期居住於加拿大山（Canada Hill，馬來語：Bukit Tenaga ╱ Bukit Kanada）周邊的人們傳聞，有兩隻兇

2005 年才升格的美里市，是砂勞越州最北邊的城市，目前正在逐漸擴張中。

猛的老虎住在加拿大山的洞穴裡，因此當石油公司要在此開採石油時，在地人非常擔心石油鑽井會觸動虎穴激怒老虎。直到安格魯薩克遜（Anglo-Saxon）石油公司（創辦於倫敦的一家殼牌公司）的首席地質學家爾柏博士（Dr.Josef Theodore Erb）安撫居民根本沒有老虎後，鑽油井工作才順利地展開。

往加拿大山的路上，稜線放眼望去可見巴南河流域山稜、汶萊國土、正在發展擴張中的美里市景、近海的石油鑽井廠、一望無際的油棕園、浩瀚的南中國海，也是在地人推薦的欣賞夕陽所在。

加拿大山稜線東側一望無際的棕櫚樹園區景觀，也可看到汶萊的領土。

往加拿大山的路標。

祭拜拿督公為馬來西亞的文化特色之一，和華人奉祀的
土地公觀念類似（拿督公是掌管在地的地基主）。

前往加拿大山的路途。

從美里市區步行到加拿大山

　　從美里市區走到加拿大山並不遠，若住宿地點位於莫峇蒂路（Jalan Merpati）上的我的民宿（My Homestay），可先沿莫峇蒂路走，接上對面帝宮大酒店旁的郵政局路（Jalan Post）直走，遇到蘇菲路（Jalan Sylvia）右轉，遇到第三條叉路時即是位於寶馬路（Jalan Merbau）的十字路口。沿著寶馬路直走到百盛購物中心旁的紅綠燈，過馬路到對面往山上的路口，路口處有個藍底白字的指標牌，寫著「美里老婦人及石油科學博物館」（Grand Old Lady And Petroleum Science Muzium, MIRI），直走到山頂遇叉路再右轉，約 20 至 30 分鐘左右即可抵達目的地。

馬來西亞第一座鑽油井──第一號油井與美里老婦人

　　位於加拿大山的美里第一號油井（Miri Well # 1），是經由安格魯薩克遜石油公司的地質學家爾柏博士徹底調查後開採的。1910 年 8 月 10 日開始進行第一次的鑽井工作，在 12 月 22 日（星期二）當天油井挖到 137 米時，石油終於冒出來了，馬來西亞第一座鑽油井從此誕生。該油井的木製起重機，即馬來西亞人所尊敬的「美里的老婦人」（The Grand Old Lady of Miri）。

美里第一號油井及美里的老婦人。

150

認識馬來西亞的石油開採史─石油博物館

　　2003 年 4 月 25 日，美里石油博物館（Muzium Petroleum Miri）在馬來西亞國家石油公司（Petrona）和殼牌公司（Shell）的支持下，拿督巴丁宜丹斯里陳康南醫生（YBhg. Datuk Patinggi Tan Sri Dr. George Chan Hong Nam）正式完成了破土動工興建儀式。2005 年 5 月 20 日，美里石油博物館正式向公眾開放。館內展示馬來西亞開採石油史的詳盡資訊，還有個互動區可讓小朋友操作體驗。

美里的加拿大山發現石油後，開始翻轉交通不便的小漁村命運。

─INFO─

美里石油博物館（Muzium Petroleum Miri）

⌂ Jabatan Muzium Sarawak, Canada Hill, Jln Oil Well No. 1, 98000 Miri, Sarawak, 馬來西亞

☎ 002＋60＋82-244232

$ 免費

🕐 每週二至週五（09:00~16:45）；週六及週日（10:00~16:00）；每週一及公眾假期（休館）

🖥 museum.sarawak.gov.my/modules/web/pages.php?mod=webpage&sub=page&id=97&menu_id=0&sub_id=126

美里石油博物館。

美里市區平價美食──莫峇蒂路安全島上的晚間市集

　　美里市區因為鄰近汶萊，物價偏高，不過位於莫峇蒂路上的安全島在傍晚時會有許多的攤販在此聚集，價錢和餐廳相較便宜許多，可以品嘗椰子汁、炸香蕉、Lakasa、炸紅豆餃等美里道地小吃，或是挑戰在地人創新的特色料理。

這裡賣的椰子汁非常平價。

莫峇蒂路安全島上攤販所販售的 Lakasa 約 RM5 左右，非常道地美味，且比餐廳便宜約 RM2 以上。

美里市區住宿

我的民宿（My Homestay）

　　我的民宿位於莫峇蒂路上，對面是帝宮大酒店及百貨公司，附近飲食很方便，共用的廁所及衛浴設備充足，也有吹風機。

我的民宿外觀。

INFO

我的民宿（My Homestay）

🏠 Lot#1091, JalanMerpati（Zinnia）, 98000 Miri, Sarawak, Malaysia

📞 002＋60-85-429091

💲 依房型區分，房價約為 RM20 ／床～ RM120 ／間

✉ staymyhomestay@gmail.com

💻 staymyhomestay.blogspot.tw

f facebook.com/staymyhomestay

交通資訊

🐾 從美里機場到美里市區

　　下飛機後，直接從機場大門右方
過馬路到對面，往右方直走機場大道約
30 分鐘，於大叉路口的交通號誌燈再
往大馬路左邊走約五分鐘，即看到一家
似公家單位的園區大門，大門的左前方
有座無站牌的藍屋頂公車亭。在此搭公
車到美里市區的票價為 RM2；偶爾會
有霸王車詢問是否併車，車資大約也是
RM2。若從機場搭計程車到美里市區，
價錢約 RM25 ～ 30 之間。

美里機場。

照片中大馬路邊有座藍色屋頂的亭子，可在此等候前往美里市區的巴士。

歷史悠久的老廟與博物館

　　古晉曾是汶萊蘇丹的領土，後來英國人曾擔任這裡的拉者（國王），統治砂勞越 105 年（1841 年 9 月 24 日至 1946 年 7 月 1 日）。第一位英國籍的拉者是詹姆士布洛克，他搭帆船「勤皇號」來到古晉時，這裡只是個名為砂勝越（Sarawak）的小漁村，人數才一千多人，1872 年才改名為古晉。根據潮屬耆老口述，古晉老街裡曾有三座古井，其中一座位於中國街上（早期的大井巷），潮州話稱古井為 Kuching，是古晉之名緣由之一。

　　古晉市分為南北兩市，北市由馬來人執政，南市由華人管理。在古晉南市可以看到四座象徵古晉文化意象的貓雕像，因馬來語 Kuching 指的是「貓」。

九隻貓雕像是由一對公母貓及七隻玩耍的小貓組成的雕像，九這個數字對於古晉華人有特別的文化意涵。

大白貓雕像依不同節慶的到來會有不一樣的穿著。

印度街路口斜對面的貓雕像。

四隻小貓雕像位於柱子下方，柱子頂端有四朵馬來西亞的
國花「扶桑花」的標誌。

位於砂勞越河畔的海唇街仍保有多棟華人早期在此經營的店舖。

壽山亭福德祠（大伯公廟）位於華人歷史博物館的斜對面。　　主神為福德正神（客家人所稱的大伯公）。

古晉歷史最悠久的大伯公廟—壽山亭福德祠

　　壽山亭福德祠即古晉客家人稱的「大伯公廟」，廟內的主神像為羅芳伯，被視為福德正神「大伯公」。據說這間廟興建於 1770 年，主神像面朝砂勞越河，廟內也供奉著虎爺（大伯公的坐騎），是砂勞越最具歷史的大伯公廟。

上帝廟戲台美食

　　上帝廟對面有個戲臺「陽春臺」，戲臺前方兩側的店家販售在地傳統的華人美食，這裡有間潮州人經營六十多年的老店，店內的粿什（Kueh Chap）及潮州雲吞加料是招牌。這裡的飲料店有販售沙梨果汁（馬來語：Bakunong），味道有點像甘蔗汁。

上帝廟對面的陽春臺。

沙梨果與沙梨果汁。

這碗為潮州雲吞加料,除了潮州雲吞外,還添加了蝦仁、肉片、豬內臟等配料,非常美味。

婆羅洲歷史最悠久的博物館─砂勞越博物館

　　砂勞越博物館(Museum Sarawak)於 2017 年 10 月底封館整修,興建於拉者查理士部落克統治砂勞越時期,是為了展示在地原住民族群手工藝品及野生動物而興建。博物館於 1886 年動工,1891 年落成,1971 年擴建現今所看到的外觀,是東南亞歷史最悠久的博物館之一。

　　館內許多展品是由阿爾弗雷德・羅素・華萊士(Alfred Russel Wallace)所捐贈,他曾發表科學界非常著名的「華勒斯線(Wallace Line)」,這是他在馬來西亞進行動物研究時,發現到有條生物界的地理曲線劃分婆羅洲及其以東的印尼諸島間,界線以西以東南亞生物相為主,界線以東的生物相接近新幾內亞。

砂勞越博物館。

┌*INFO*───

砂勞越博物館（Museum Sarawak）

🕐 002＋60＋82-244249

🕐 2017 年 10 月底開始休館整修，預計 2020 年整修完工。未休館前的開放時間為週一至週五（9:00～16:45）、
週六及週日、公眾假期（10:00～4:00）

🖥 museum.sarawak.gov.my/modules/web/pages.php?mod=webpage&sub=page&id=105&menu_id=0&sub_
id=133

住宿資訊

🐾🏠 旅行者民宿（Traveller Homestay）

　　民宿樓下是興建於 1950 年代賣咖啡的老店「蔡雙順」。2012 年開始，二樓以上的住家
才整修為古色古香的民宿，可以欣賞到老闆的攝影作品或畫作，整體環境非常有家的感覺。
樓下咖啡店「蔡雙順」，可吃到非常可口的豬腳飯、乾撈麵、叉燒包等餐點。

旅行者民宿的客廳有許多屋主的藏書與攝影作品。

六十多年老店「蔡雙順」咖啡店。

┌*INFO*───

旅行者民宿（Traveller Homestay）
位於古晉市區通往北市的牌樓及大白貓雕像附近，不到 1 分鐘的路程。

🏠 240 Padungan Road, 93100 Kuching, Sarawak, Malaysia

📞 聯絡人 moi 的手機：002＋60＋128877478，電話：002＋60＋82-414093

✉ support@borneolife.com

🖥 borneolife.com

Part 2

馬來半島

璀璨的西馬 馬來半島

　　西馬位於馬來半島，早期印度人稱之為「黃金之地」，西元 10 至 11 世紀的希臘地理學家克勞狄烏斯‧托勒密（Claudius Ptolemaeus）則稱馬來半島為「黃金半島（Aurea Chersonesus）」。馬來半島在世界地理位置上占有重要角色，劃分太平洋及印度洋間的國度，早期的中國、印度和西馬的在地族群貿易往來頻繁，東西方文化與馬來半島各族群的原生文化碰撞交融後，形塑出西馬世界文化遺產的多元面貌。西馬的生態也頗豐富，亞洲象、螢火蟲、銀葉猴、鳥類、雨林等生態環境，讓馬來半島非常精采。

西馬的地理環境

　　西馬位於赤道的北部，面積約 131,578 平方公里，是臺灣的 3.64 倍，由玻璃市、吉打、檳城、霹靂、雪蘭莪、森美蘭、馬六甲、柔佛、彭亨、登嘉樓、吉蘭丹等 11 個州、以及布城（Putrajaya，1999 年馬來西亞的行政首都從吉隆坡遷至布城）和吉隆坡（Kuala Lumpur，馬來西亞的法定首都）這兩個聯邦直轄區所組成。西馬由蒂迪旺沙山脈分隔為東西部，北邊和泰國相鄰，南邊隔著柔佛海峽和新加坡接壤。西馬與印尼的蘇門答臘島間隔著馬六甲海峽，是條串連太平洋及印度洋的重要渠道。

西馬的三大族群

馬來人、華人、印度人

　　西馬的三大族群為馬來人、華人、印度人，在西馬許多地方皆可看到這三大族群的傳統美食、文化、藝術、宗教特色。早期華人權貴與馬來權貴混血產生的峇峇娘惹文化（Baba Nyonya）、印度富商與馬來人混血產生的遮地文化（Chitty）、馬六甲土生葡人文化（Gente Kristang）、及原本生活在馬來半島的原住民族 Orang Asli（由以農耕為主的 Senoi 族、以游牧為主的矮黑人 Negrito 族、及其他少數小族群組成），讓西馬的多元族群文化頗具特色。西馬的華人方言以廣東話、客家話、福建話為主，吉隆坡及怡保的華人習慣以廣東話作為華人社群裡的日常生活用語。

馬來半島的 生態小旅行

世界八大奇蹟之一

瓜拉雪蘭莪螢火蟲奇觀

　　瓜拉雪蘭莪（Kuala Selangor）的在地人稱螢火蟲為 Kelip-kelip，主要分布在雪蘭莪河 8 至 18 公里處的河畔紅樹林裡，附近有座雪蘭莪河口自然公園，是賞鳥及觀察銀葉猴生態的地點。瓜拉雪蘭莪非常壯觀的螢火蟲景觀享有世界八大奇蹟的美譽，螢火蟲的數量為世界前三名，也是西馬少見的螢火蟲復育區。雪蘭莪河畔有兩處可以搭乘傳統木製小舢舨船欣賞螢火蟲的地點，一處位於關丹村的螢火蟲公園（Kampung Kuantan Fireflies Park），另個地方是武吉柏林明村的螢火蟲渡假村（Firefly Park Resort Bukit Belimbing）。

　　關丹村的螢火蟲公園的螢火蟲盛況，在無月光的夜晚讓人非常嘆為觀止，當太陽西下時，河岸邊隱約可見螢火蟲閃爍的螢光，黑夜完全壟罩河面後，公的螢火蟲同時閃出螢光的畫面與雪蘭莪河無害的星空，是一幅極夢幻的畫面，讓坐在舢舨上的人們恍如身在童話故事裡的幻境般。欣賞螢火蟲時，千萬不能用強烈的閃光燈拍照，這樣的舉動會傷害螢火蟲。

── *INFO* ──

關丹村的螢火蟲公園

🏠 Kampung Kuantan Fireflies Park

📞 002＋60＋03-3289-1439 ／ 002＋60＋03-3289-1549

🖥 kuala-selangor.com/kampung-kuantan-fireflies-part-kuala-selangor.html

武吉柏林明村的螢火蟲渡假村

🏠 Firefly Park Resort（Kuala Selangor）Sdn Bhd Jalan Haji Omar, Kampung Bukit Belimbing, 45000 Kuala Selangor, Selangor Darul Ehsan, Malaysia.

📞 002＋60＋03-90572299 ／ 002＋60＋03-32601208

🕐 欣賞螢火蟲的時間為日落後的晚上 19:30～22:30

🖥 kuala-selangor.com/firefly-park-resort-kampung-bukit-belimbing.html

Jalan Pasir Penambang 的海鮮美食

瓜拉雪蘭莪出名的除了螢火蟲之外還有海鮮，Jalan Pasir Penambang 這一帶的港口海鮮餐廳常讓饕客慕名而至，這裡的海鮮非常鮮美且價格平價，華人經營的海鮮餐廳炒飯也非常好吃；魚湯料理方式也很特別，可以嘗到湯頭的酸辣甜以及魚肉本身的鮮美，值得一試。

住宿資訊

瓜拉雪蘭莪陽光旅館

瓜拉雪蘭莪陽光旅館（Sun Inns Kuala Selangor）位於瓜拉雪蘭莪小鎮的中心，房間數量還算多，價錢也頗親民，但入住時需付 RM20 的鑰匙保管費，退房鑰匙歸還時，櫃檯服務員會退回。這間飯店整體是清爽乾淨的，服務人員以印度人和馬來人為主，房間內可看到天花板上貼有藍色箭頭，是穆斯林朝拜阿拉的方向。房間有冷氣、電扇、電視、桌椅、水壺等。飯店外左轉 5 分鐘左右路程，有站牌可等 141 號公車，可以直達吉隆坡茨廠街附近的中央藝術市場路口的 Putu Raya 站，車資約 RM7.3。

瓜拉雪蘭莪陽光旅館的外觀。

瓜拉雪蘭莪陽光旅館的房間整理非常乾淨。

INFO

瓜拉雪蘭莪陽光旅館（Sun Inns Kuala Selangor）

🏠 G-16, Jalan Bendahara 1A, Taman Bendahara, 45000 Kuala Selangor Selangor Darul Ehsan, Malaysia

📞 002+60+3-32895678

💲 住宿價格依房型及淡旺季區分，約在 RM60~330 ／間

✉️ enquiries@suninnshotel.com.my

瓜拉雪蘭莪陽光旅館附近的巴士站牌。

大眾交通方式

　　吉隆坡茨廠街附近有兩處地點可搭巴士前往瓜拉雪蘭莪，中央藝術市場路口附近 Putu Raya 站的 141 號巴士會經過瓜拉雪蘭莪陽光旅館，若住宿在那，可麻煩司機就近讓您下車，車資為 RM7.3。另一個搭車地點位於茨廠街牌樓路口附近的敦陳禎祿路（Jalan Tun Tan Cheng Lock）巴士站牌，可搭前往巴生或巴生港（Klang）的巴士，抵達巴生的票價約 RM3。下車過馬路後，可以看到對面有一排客運，此處也有巴士會經過瓜拉雪蘭莪的陽光旅館，車資為 RM5。

　　抵達飯店後，因為沒有巴士可以抵達觀看螢火蟲的渡船碼頭，因而得另外包計程車，去回程的計程車車資約 RM30 起；若要順道買 Jalan Pasir Penambang 的海鮮，可能得再加上 RM20 以上的車資。抵達觀看螢火蟲的渡船頭後，得在售票處買搭乘舢舨船賞螢火蟲的票，一艘舢舨船費用為 RM50，可坐 4 位遊客，一人自助的旅客請自行尋找散客一同併船分攤船資。

馬來半島

世界最大的鳥類自由飛行公園
吉隆坡飛禽公園

吉隆坡飛禽公園（KL Bird Park）位於吉隆坡市區的湖泊花園內，是目前世界上最大的鳥類可自由放飛園區，面積約 20.9 英畝，園區內 3,000 多隻鳥類裡，共有 200 多種馬來西亞在地及來自世界各地的鳥類。飛禽公園的上方由多塊巨型的大網覆蓋著，可分為四大區塊，第一及第二區為鳥類的自由飛行區，第三區為犀鳥公園以及鳥舍，第四區為鳥類表演區。在這裡，有機會可以和各種鳥兒近距離的互動。

INFO

吉隆坡飛禽公園（KL Bird Park）

KL Bird Park, 920, Jalan Cenderawasih, Perdana Botanical Gardens, 50480 Kuala Lumpur, Federal Territory of Kuala Lumpur

002＋60＋3-22721010

外國人（成人 RM67，孩童 RM45），馬來西亞公民（成人 RM27，3 至 11 歲孩童 RM13）

每日 09:00～18:00

klbirdpark.com

在飛禽公園內，可以看到在第一及第二區自由活動的藍鳳冠鳩，是鴿形目裡最大的品種之一。

第一、二區─鳥類自由飛行區

　　飛禽公園的第一區及第二區皆為鳥類飛行區，在此活動的鳥類可分為雀形目、鳩鴿科、雞形目、鶴形目及鸛形目。第一區設有紅鶴池、零食飲料販售亭、粟鳶區、愛鳥園、夜鷺區、祈禱室。在這裡吃東西得小心，自由飛行的鳥兒時常伺機搶食旅客的零食。

　　全球的鳥類有一半以上屬於雀形目，飛禽公園的雀形目鳥類有鷯哥、亞洲灰椋鳥、粟腹文鳥、黃胸織布鳥、北椋鳥、黑枕黃鸝、白頭文鳥，擁有特殊的發聲器，可以製造特別的音調。雀形目鳥類的腳非常有力，有三根前趾及一根後趾，可以牢牢地抓住樹枝。

　　園區內的鴿形目鳥類有綠翅金鳩、紅頸綠鳩、綠皇鳩、珠頸斑鳩、蘭鳳冠鳩、維多利亞冠鳩、斑姬地鳩、黑袖鴿、綠簑鴿，鳩鴿科鳥類以水果、種子、穀類為食，築巢的材料為樹枝，雌鳥每次生一至三顆蛋。

　　在第一及第二區最受歡迎的應該就是雞形目鳥類，在這裡可以看到青鸞、紅原雞、印度藍孔雀在地上啄食或求偶或有旅客搶著拍照。雞形目鳥類以植物、無脊椎動物、兩棲動物、昆蟲等為食。

　　紅鶴池裡除了紅鶴以外，還可以看到鶴形目中的白腹秧雞、紅冠水雞、薑雞，以及鸛形目鳥類中的埃及聖䴉、美洲紅䴉、噪䴉、黃嘴鸛鸛、牛背鷺、綠鷺、池鷺、夜鷺、草鷺等水鳥。

正準備要搶食的牛背鷺。

黃嘴鸛鸛的生活區域在撒哈拉南部以及馬達加斯加。

藍孔雀為印度的國鳥。

第三區─犀鳥公園

　　馬來犀鳥、冠斑犀鳥等犀鳥大部分養在籠內，臺灣藍鵲、黑領椋鳥也被聚集於此。馬來犀鳥是砂勞越州的州鳥，壽命可達 35 歲。

第四區─鳥類表演才藝與展示區

　　在這裡除了可以看到鸚鵡等鳥類的演出以外，還可欣賞到鴕鳥、鶴鴕等無法飛行的大型鳥類、東方觀賞鳥、世界各地的鸚鵡，是園區內最精彩的區域。人工瀑布造景處，復育數隻正面臨瀕危的南美鸛，是馬來西亞境內也正在努力保護的鳥類。鸚鵡展示區裡，可以看到僅分布於新幾內亞島上且面臨瀕危的派斯奎特氏鸚鵡，這種鸚鵡的壽命長達 40 歲以上；另外，這裡也展示著印尼特有的美冠鸚鵡、聰明的非洲剛果鸚鵡。

金剛鸚鵡表演算數。

瀑布區復育馬來西亞正面臨瀕危的南美鸛。

園區每日主題活動流程

時間	程序	地點
9:30~17:30	拍攝鳥類	第 4 區：和鳥類合照
10:00~17:00	餵食鸚鵡	第 4 區：鸚鵡世界
	餵養鴕鳥	第 4 區：很少飛行的鳥類
10:30	免費飛鳥餵養	第 1 區：在婆羅門土地旁邊
11:30	餵養犀鳥	第 3 區：犀鳥公園
12:30 及 15:30	鳥展	第 4 區：露天劇場
14:30	餵養老鷹：栗鳶	第 1 區：婆羅門土地
16:00	餵養南美鸛	第 4 區：瀑布鳥舍

漂亮的折衷鸚鵡。

住宿資訊

🐾宿 九格飯店（Grid 9 Hotel）

　　若要在吉隆坡市區選擇平價、安全、交通便利的住宿地點，可考慮九格飯店。這家飯店位於吉隆坡單軌電車（KL Monorail）的 Maharajalela 站旁。從吉隆坡中央車站（KL sentral）開始搭車，第三站（Maharajalela 站）下車，接著走天橋到對面，九格飯店就在捷運站出口旁。附近的古蹟還有觀音寺、陳氏書院、吉隆坡暨雪蘭莪中華大會堂等，從此處前往吉隆坡飛禽公園也很方便。飯店的一樓是餐廳；二樓是櫃檯及交誼廳，有電腦可使用；三樓則為房間。飯店的房間整理的很乾淨，有衛浴設備、冷氣、電視、對外窗。

┌─INFO────────────
九格飯店（Grid 9 Hotel）
🏠 9 Jalan Maharajalela,Kuala Lumpur, 50150, Malaysia
📞 002+60+3-92262629
💲 價位依房型區分，約在新臺幣 266~900 ／間
✉ discover@grid9hotels.com
🖥 grid9hotels.com

從 Maharajalela 站（圖左）通過天橋後，即可抵達灰色建築物「九格飯店」（圖右）。　　九格飯店的室內空間整理非常乾淨。

交通資訊

🐾車 如何前往飛禽公園

　　從九格飯店出發，走約 15 分鐘到茨廠街牌坊入口處附近的 Plaza Rakyat 捷運站後，搭捷運到 Masjid Jamek 清真寺下車，轉搭紅線的 LRT 到吉隆坡中央車站，再轉搭火車到吉隆坡舊火車站（Kuala Lumpur 站）下車。過天橋及地下道到對面，沿著國家清真寺及回教文化藝術館中間的大馬路跟著指標走，即可抵達目的地；或搭乘吉隆坡觀光巴士（KL Hop-On Hop-Off），走訪飛禽公園及吉隆坡市區主要的特色景點。

幫大象洗澡嚕！
瓜拉干達國家大象保育中心

　　瓜拉干達國家大象保育中心（National Elephant Conservation Centre, Kuala Gandah, Pahang）成立於 1989 年，位於彭亨州南章的瓜拉干達河及 Teris 河流域，是馬來西亞安置流離失所的野生幼象保育中心。從吉隆坡市區搭客運過去約 2 小時左右的車程，在南章站（Bandar Lanchang）下車後，得再轉乘計程車才能抵達目的地，附近會經過名為「Che Wang」的原住民部落，若對馬來半島的原住民文化有興趣，可以再安排充裕的時間去探訪。

免門票又可認識亞洲象生態

　　亞洲象是亞洲陸地上體型最大的哺乳類動物，也是瀕危的野生動物，馬來西亞僅剩 1,200 隻左右。瓜拉干達國家大象保育中心的亞洲象來自馬來半島各地，受到救援後安置於此處，也減緩馬來半島人象間的衝突。瓜拉干達國家大象保育中心免門票，若要參與贊助保育亞洲象，可以在園區櫃檯填寫贊助單，另外也可額外付 RM10 體驗幫小象洗澡，付費後櫃檯會給予辨識「已付費」的橘色貼紙。園區內設施完善，有餐廳、小象飼育園區、Che Mek 咖啡廳、活動資訊站、紀念品店、大象咖啡廳、大象活動的 Krau 廳以及 Gandah 廳、兒童劇場、公廁、盥洗室等。

瓜拉干達國家大象保育中心，是馬來西亞安置流離失所的野生幼象保育中心。

易被馴服的大型哺乳類動物—亞洲象

　　亞洲象的身長約 5.5 ～ 6.4 公尺，高約 2.5 ～ 3 公尺，公象約 5.4 公噸，母象約 2.7 公噸，為草食動物，可以活超過 60 年以上。亞洲象的個性比其他品種的大象溫和，歷史上常被東南亞或南亞一帶的國家馴服成為可役使的動物，體型及耳朵皆比非洲象小，母的亞洲象體型又比公的亞洲象小。公、母亞洲象皆會長象牙，但母象的象牙不明顯，前腳的腳趾各五隻，後腳趾各四隻。亞洲象的頭型較圓，耳朵的聽力比人類靈敏且容易察覺危險，嗅覺也優於陸地上許多的哺乳類動物；但視力很差，僅能看清楚十公尺內的物體。公的亞洲象是孤單的，只有交配季節時才會進入象群，公象間有時候會互相打鬥，以成為主要交配者，公母大象交配後會共處約三個星期。母的亞洲象妊娠期約 19 到 22 個月，當要分娩時，其他的母亞洲象會圍著生產中的母象一圈，保護母象能夠順利生產。小象在出生後兩小時就能夠站立，並開始用嘴巴吸允母親的奶水，而非用象鼻去吸允。小象大約 2 至 4 年後才會斷奶，假設有母象死了，象群內的母象也會輪流照顧小象。

母亞洲象。

被飼育的亞洲象主食以乾草混合稻草為主，因此每天至少要喝 100 至 150 升的水，野生的亞洲象食用水草，喝的水量會較少些。

公亞洲象。

近距離認識亞洲象—每日旅客園區體驗行程

時間	體驗行程
10:00	園區櫃檯處開始登記入場。
10:30	用手餵食年幼的大象。
10:40	觀察亞洲象運動。
11:45	觀察亞洲象洗澡。

園區工作人員示範幫成年亞洲象洗澡。

時間	體驗行程
13:00～13:30 & 13:30～14:00	保育宣導影片欣賞（視聽中心）。影片內容主要是介紹馬來西亞的亞洲象保育工作現況與挑戰。
14:15	亞洲象表演（兒童劇場）。園區內的保育員帶著亞洲象表演已學會的動作、特技，在此期間，園區內的解說員會介紹每隻出場表演的亞洲象以及牠們的特色。

亞洲象表演特技。

14:35　體驗用手餵食亞洲象，並和亞洲象一起合照（兒童劇場）。遊客可拿飼育員所準備的食物餵食，體驗用手將食物送到亞洲象嘴巴或鼻子上的互動；若將食物送上亞洲象的鼻子，牠會自己將木瓜等食物送進嘴裡。飼育員也會示範如何用配方奶餵食年幼的亞洲象，不是從鼻子灌進去，而是將奶瓶插上水管，再將水管放到小象的嘴內讓牠吸允。

體驗餵亞洲象吃木瓜。

亞洲幼象喝牛奶。

時間	體驗行程
15:00	幫小象洗澡（須在園區櫃檯另外付費 RM10，洗澡區域位於兒童劇場前方的 Teris 河）。
16:00	體驗行程結束。

和亞洲象交朋友──買園區的花生、玉米餵亞洲象

　　園區內有幾處大象飼育區，除了體驗餵食大象的時段以外，遊客也可在園區內購買餵食大象的花生、玉米，是全家老少可以共同體驗的活動，大象也會非常高興有額外的零食可以享用。

園區內有販售可餵食大象的玉米、花生。

亞洲象的玩耍時間──來幫亞洲象洗刷刷

　　「幫亞洲象洗澡」是深受旅客喜愛的活動，早期原有騎大象的體驗活動，但因等同於虐待動物的行為，所以園區內目前已停止這項活動。在幫亞洲象洗澡前，園區內的飼育員會先示範如何幫成年的亞洲象洗澡，拿著絲瓜布刷著象皮，大象們看似頗享受且玩水玩的不亦樂乎。將成年亞洲象牽回飼育區後，才換年幼的亞洲象上場，工作人員也會在旁指導如何幫亞洲象洗澡，也會協助旅客拍照，體驗的旅客，記得要帶換洗衣物啊！

旅客可體驗幫年幼亞洲象洗澡。

體驗完一整天的瓜拉干達國家大象保育中心後，時間若充裕，建議可多停留一天時間參與附近的原住民部落活動與生活，並和南章小鎮（Lanchang）的居民聊聊天，瞭解彭亨州在地的鄉村文化特色。

┌ INFO ┐

瓜拉干達國家大象保育中心（National Elephant Conservation Centre, Kuala Gandah, Pahang）

- Department of Wildlife and National Parks, Kuala Gandah, 28500 Lanchang, Pahang Darul Makmur
- 免費（櫃檯可以填寫贊助單自由捐款，做為保育馬來西亞野生大象之用）；體驗幫小象洗澡 RM10（櫃檯付費後，會給一張紅色邊的長方形貼紙，上方還貼了小張的橘色貼紙，幫大象洗澡前要將貼紙交給河邊的園區服務員）
- 週一及週二（12:00～16:45）、週五（14:45～16:45pm）、週六及週日、國定假期（10:00～16:45）
- nre.gov.my/en-my/EcoPark/Pages/National-Elephant-Conservation-Centre.aspx

交通資訊

如何前往瓜拉干達大象公園保育中心

　　瓜拉干達大象公園保育中心離吉隆坡市區約兩個小時的車程，若要搭乘大眾交通工具前往，建議 09:00 前抵達捷運或單軌電車的蒂蒂旺沙站（Titiwangsa）；出站後，尋找往 Pekeling 巴士站的路標，走路橋到 Pekeling 巴士站，約 3 分鐘左右抵達。在牆上標示 6 號的售票亭買票，候車地點位於牆上寫 8 號的售票亭前方，尋找牌子前方掛著（K.lumpur 吉隆坡 – Mentakab 文德甲 – Temerloh 淡馬魚）的紅白雙色巴士，請司機提醒在南章站下車。從 Pekeling 巴士站搭巴士到南章站的票價為 Rm10.4／人，車程約 1 小時 40 分。

　　南章站下車處有個小巴士亭，通常會有在地計程車司機於此等候遊客，若計程車司機為馬來人或原住民，可請巴士上的華人或印度人乘客，協

Pekeling 巴士站的路標。

助溝通説要搭計程車抵達瓜拉干達大象公園保育中心，或也可請巴士站旁的豐益迷你市場華人老闆協助叫計程車，並請在此買好回程巴士票。

　　計程車司機接送「瓜拉干達大象公園保育中心至南章巴士站」的去回程車資約 RM60。若有經濟考量且時間充裕，可考慮邊步行邊攔便車，從南章巴士站走路到瓜拉干達大象公園保育中心的路程約兩小時，沿途會經過在地的原住民部落，但請在 15:30 前離開園區，才可趕上回程往蒂蒂旺沙站的巴士。

Pekeling 巴士站的售票處。

搭乘巴士（K.lumpur 吉隆坡 – Mentakab 文德甲 – Temerloh 淡馬魚），記得提醒司機要在南章站下車。

南章站下車處附近有間豐益迷你超市，請在此先買好回程票，若需計程車接駁，可請華人老闆協助叫車。

和獼猴一起森呼吸

升旗山、檳城植物園

　　檳榔嶼的升旗山（Flagstaff Hill）又名檳榔山，氣溫約 21 度左右，18 世紀末逐漸形成英國東印度公司殖民檳城期間的最佳避暑勝地，有些政府官員在山上蓋了視野佳的豪宅或避暑小屋，並從瀑布花園（今：檳城植物園）附近開闢一條騎馬可穿越的小徑抵達山頂，而華籍的商賈仕紳則是坐在一種被稱為「doolies」的轎子上，由苦力抬上山，行李則由挑夫負責。

　　升旗山的景觀佳、氣候舒適宜人，英政府官員為了可以方便前往升旗山，於是興建了纜車，成為前往升旗山最簡便的交通工具，也讓此地成為檳城的觀光及避暑勝地。根據 2014年的統計資料顯示，該年度搭乘纜車前往升旗山的旅客約有 136 萬人。升旗山的高度雖然不高，但生態卻非常豐富，走在樹林旁，不時可看到成群結隊探頭探腦的猴子。

檳榔嶼的升旗山景觀，眺望檳威海峽、北海市。

眺望喬治市、鎖愛情─升旗山景觀

　　升旗山包含了草莓峰（Strawberry Hill）、哈利伯頓峰（Halliburton's Hill）、政府峰（Government Hill）、老虎峰（Tiger Hill）、西峰（Western Hill）、旗山等山峰，是檳榔嶼的最大集水區，是眾多河川的源頭。升旗山的最高峰為西峰（H833m），在地華人所稱的升旗山（H735m）是較早被開發的山區，早期大部分的英殖民政府官員將別墅蓋在此處，視野極佳，成為駐紮在此地及海岸邊的康華利斯堡傳令兵，彼此以旗語傳遞訊息的所在，升旗山的名稱源自於此。

升旗山有多條路徑值得探訪。

　　「旗山觀日」為早期的檳城八景之一，並且還保存一座荷蘭東印度公司時期的大砲及英國東印度公司時期的老郵筒，漫步在升旗山頂時可以多注意這些有百多年歷史的古物蹤跡。現代的升旗山頂上，最吸引人的應當就是纜車終點站左側可俯瞰喬治市全景的觀景台，以及飲食中心上方於2014年開放的愛情鎖觀景台，欄杆上掛滿了心形鎖盡是情人們寫著對於愛情的未來盼望，是升旗山上最熱門的新興景點。

愛情鎖已成為近幾年來升旗山上的新興景點。

升旗山纜車終點的隧道口。

搭纜車體驗──全世界最陡的纜車隧道軌道

升旗山是英國殖民期間最早開發的山區之一，升旗山纜車於 1923 年 10 月開始營運至今，擁有馬來西亞第一座纜車的山頂車站，軌道長度約 2,007 公尺，目前是亞洲上最長的纜車軌道。全世界最陡的纜車隧道軌道在升旗山，長約 79 公尺，寬約 10 公尺，坡度約 27.9 度，正通過隧道的纜車是升旗山最具代表性的畫面。2011 年時，升旗山的纜車已更新至第四代。假日排隊搭乘纜車的遊客非常多，好在纜車可在 10 分鐘內將旅客送達山頂，纜車窗外還可欣賞不同高度的植被變化與地景。

升旗山纜車售票處。

─INFO─

升旗山纜車

🔍 Perbadanan Bukit Bendera,Jalan Stesen Bukit Bendera, Air Itam,11500 Pulau Pinang, Malaysia

💲 馬來西亞公民（成人 RM10、60 歲以上老人 RM5、4~6 歲孩童 RM3、學生 RM5、單趟成人票 RM5）；外國人（成人 RM30、60 歲以上老人 RM30、4~6 歲孩童 RM5、學生 RM15、單趟成人票 RM15）

🕐 纜車營業時間：每日 06:30~23:00。馬來西亞公民在 06:30~09:00 或是 19:00~22:30 搭乘，可享有促銷價

💻 penanghill.gov.my/index.php/en

歷史悠久的檳城印度廟之一——升旗山的興都廟

　　升旗山上的興都廟（Sri Aruloli Thirumurugan）是座南印度教達羅毗荼（Dravidian）風格的廟宇，位於名為砲山（Gun Hill）的小山頭上，廟的院子前方架著一座荷蘭東印度公司殖民時期的大砲。這間興都廟興建於 18 世紀初期，是檳城歷史最悠久的印度廟之一，最初只是座供奉印度教濕婆神與雪山女神生的幼子室建陀（南印度教所稱的戰神穆如干）的小神

社，由信奉印度教的士兵於大寶森節（室建陀的生日）抬上山之後才擴建為現狀，並設有舉辦儀式用的潔淨水池。

　　南印度教達羅毗荼的廟宇大廳擁有微馬娜（Vimana，印度教神話中的飛行器）的設計、曼達帕（Mandapa，廟前的亭子）、茶哇底斯（Chawadis，支撐廟宇大廳的柱子）、公瀑郎斯（Gopurams，廟入口處屋頂上方的神塔）等建築特色，這間興都廟皆可觀察到。

砲山的印度教興都廟。

升旗山清真寺

　　興都廟右邊有座清真寺，名為升旗山清真寺（Masjid Bukit Bendera），擁有非常亮眼的金黃色泡芙狀屋頂，屋頂上方還加了提醒回教徒祈禱用的廣播器，中間的大屋頂上方，有根小竿子插著月亮及星星的標示。這座廟的信徒主要來自於升旗山上的回教徒攤販或者是在附近工作的公務人員。

升旗山清真寺。

升旗山歷史最悠久的英式別墅─貝爾雷蒂羅

升旗山上現存上百年歷史的英國殖民時期別墅尚有 52 棟，當初這些別墅主要是由當時的印度籍罪犯興建而成，其中有 10 棟屬於檳城州政府管理，剩餘的 42 棟皆為私人所有。貝爾雷蒂羅（Bel Retiro）位於政府峰這座小山丘上，是升旗山上歷史最悠久的別墅，興建於 1789 年，建材主要以花崗岩為主。原本是英國殖民時期的第一位檳榔嶼總督弗朗西斯萊特（Francis Light）的避暑官邸，現今檳城州政府官員仍繼續利用，所以一般遊客只能在鐵門外觀望。據說馬來西亞的第一任首相東姑阿都拉曼到訪檳城時，也喜歡停留此處。

政府峰的英式百多年別墅「貝爾雷蒂羅」。

豐富的檳榔山生態─長尾獼猴的地盤

檳榔山的熱帶雨林森林生態非常豐富，生長著特有的白環豬籠草、髯毛兜蘭（Paphiopedilum barbatum，拖鞋蘭的一種）、蘇鐵、蕨類等，常見的野生動物則有大盤尾、眼睛周圍有圈白色毛髮的鬱烏葉猴、世界上最大的松鼠品種「巨型黑松鼠」、長尾獼猴等動物，其中長尾獼猴則是檳榔山上最容易看見的哺乳類動物。

占據路中的長尾獼猴。

在升旗山頂吃美食

🐾食 山崖咖啡廳、升旗山飲食中心

三層樓高的山崖咖啡廳（Cliff Café）及升旗山飲食中心 （Astaka Bukit Bendera）開幕於 2012 年的 1 月，視野佳，餐點選擇性多，大部分餐點的價位也很平價親民。二樓餐廳以販售冰品及冷飲等小吃攤為主，用料滿滿的紅豆冰只要 RM5；三樓則販售檳城的在地美食，如檳城口味的 Lakasa 或馬來式炸物、甜點等。

升旗山飲食中心開幕於 2012 年。

升旗山飲食中心的美味紅豆冰非常平價。

百多年歷史的植物園──檳城植物園

升旗山有條吉普車路徑（Jeep Track）可以走到檳城植物園（Botanical Garden），路程約 5 公里，途經面積約 3,575 公頃的森林保護區，若以正常的健走速度行走，約一個小時可以抵達目的地。這段路雖然有點陡，但小型車可以通行，是檳城在地人喜歡健行或者是訓練自行車能力的道路，道路旁隱約可見幾條森林裡的小山徑。道路遇叉路時會有標示牌，沿途還可見到幾棟已無人居的百年英式木構造建築，或仍有私人在持續使用的古蹟。兩側森林蓊蓊鬱鬱，一個人行走期間，不時可見霸占道路中央的長尾獼猴。

檳城植物園興建於 1884 年，面積約 30 公頃，原來是一處廢棄的花崗岩採石場及瀑布花園，是英國殖民時期為了研究熱帶地區植物而興建的植物園，由英國植物學家長爾斯・柯蒂斯（Charles Curtis）擔任檳城植物園第一任園長，開幕初期只允許西方白人進入。檳城植

綠意盎然的檳城植物園已有上百年的歷史。

物園裡頭有溪水及瀑布，過去曾是檳城八景之一的「公園湧水」，是英國殖民時期的喬治市重要水源地，1912 年檳城植物園交給檳城州政府時，還在園區內建了一座小型水庫。

　　日本人占據檳城時，曾在園區內的池塘挖掘隧道放置彈藥。現在的檳城植物園是喬治市區重要的綠肺。植物園附近有條路徑可以走到北邊的奧利維亞山（Mount Olivia），山名來自於英國政治家史丹福萊佛士（Stamford Bingley Raffles）的太太的名字（Olivia Mariamne Devenish），史丹福萊佛士夫妻曾住在奧利維亞山上的別墅。

INFO

檳城植物園（Botanical Garden）

🏠 Kompleks Pentadbiran Bangunan Pavillion Jalan Kebun Bunga 10350 PENANG
📞 002＋60＋4-2264401，002＋60＋4-2264404
💲 免費入場
🕐 每天 05:00～20:00
📧 botanicalgardens.penang.gov.my

多采多姿的動植物生態

　　檳城植物園入口處的雨豆樹（Samanea saman）非常顯眼，從 1884 年開幕至今，這棵樹已成為檳城植物園內的招牌之一，許多檳城植物園的老照片都可看到人們以植物園的大門及這棵樹為背景，見證檳城植物園的歷史。在地馬來人稱此種樹為 Pokok Pukul Lima，也就是華人口中的「五點鐘樹」，傍晚葉子會閉合以保存水分，翌日清晨葉子會綻開，露水順著葉脈滑落如下雨般，「雨樹」之名因此不脛而走。

　　園區內種了許多印度教廟宇周邊常可見到的印度教聖樹「砲彈樹」，它的花艷麗且充滿香氣，非常受印度教徒的喜愛。特有的熱帶植物如絲須蒟蒻薯、髯毛兜蘭、蠟燭木、薑等，皆可在園區內找到蹤跡。園區內的日本植物園、蘭花園、經濟作物園區等也頗有看頭，鳥類生態豐富，哺乳類動物可以看到長尾獼猴、鬱烏葉猴、黑色的巨型松鼠、昆蟲、蝴蝶等。沿著莉莉池（Lily Pond）的路徑走，可以抵達第一任植物園長爾斯柯蒂斯以前的住所遺址。

檳城植物園入口處的「雨樹」又稱「五點鐘樹」，已有上百年的歷史。

喬治市居民古早的水源地──檳城植物園瀑布

在檳城植物園尚未興建時，這裡的瀑布是在地人喜歡沐浴的地點，瀑布旁還有間印度籍罪犯興建的印度廟，後來這間廟已遷到瀑布上方的山區。馬來人作家易卜拉欣文西（Ibrahim Munshi）於 1871 年時，曾描述許多印度教徒參加大寶森節時在此舉辦慶典及沐浴的盛況。當時的瀑布區也是印裔水販的聚集地，他們利用牛車將水運到喬治市中心的港仔墘販賣，習慣走的道路也就是檳城人所說的車水路（Burma Road）。

易卜拉欣文西的兒子文西阿都拉漢（Munshi Abdullah）曾說明「這條瀑布溪流是喬治市港口船隻的重要水源，1804 年設立水源處理廠供應城市居民的用水，1805 年還建了條渠道將水引到老鼠島（Pulau Tikus）附近的港口，解決水手的飲水問題，並稱讚瀑布的水源非常甘甜。」檳城瀑布附近的橢圓形蓄水池，是英國工程師詹姆士麥里芝（James MacRitchie）於 1892 年時興建的，1950 年曾再度改建，現在這座水庫由私人管理，得要經過申請才有機會進入。

檳城植物園內的水庫水源，來自於升旗山腳下的瀑布，但瀑布目前不開放參觀。

交通資訊

🐾 交通安排建議

建議升旗山與檳城植物園的行程可以排一起，去程可在喬治市區的光大廣場一樓巴士站月台等候 204 號巴士，可以直接抵達升旗山纜車的售票處附近，車資為 RM2.8。體驗完升旗山纜車及欣賞升旗山的美景、美食後，可以沿著吉普車路徑走到檳城植物園，回程可在園區大門前方約 5 分鐘路程的藍色屋頂巴士亭等候 10 號巴士，下車處在光大附近的閩王廟前，車資為 RM2。

檳城植物園外的巴士亭。

印度教的生態觀
馬里安曼興都廟、黑風洞

　　西元十四世紀時，爪哇島的滿者伯夷帝國（Majapahit Empire）曾將印度教傳入馬來西亞，取代了蘇門答臘的三佛齊帝國（Sri Vijaya Empire）所傳播的大乘佛教之地位。同時期，回教商人也經由貿易在東南亞各地傳播回教，馬來半島的幾位蘇丹也開始信奉回教，接著蘇丹勢力及回教徒越來越強盛，印度教逐漸地在馬來半島消逝。直到 19 世紀期間，英國人開始經營馬來西亞而大興土木，需要大量的印裔勞工及專業人才協助，目前這群落地生根的印裔後代占馬來西亞人口的 8%，宗教信仰以印度教為主。

上百年歷史的馬里安曼興都廟

　　馬哈馬里安曼興都廟（Sri Mahamariamman Temple, Kuala Lumpur）據說是馬來西亞最大的南印度達羅毗荼風格的印度廟，也是吉隆坡歷史最悠久的廟宇，由當時的印裔領導者 K. Thamboosamy Pillai 所興建。原本的廟址位於在吉隆坡火車站附近的班達路（Jalan Bandar），1885 年左右才遷到敦李孝式路（Jalan Tun H.S. Lee）現址，位於吉隆坡的茨廠街商圈，在關帝廟（廣肇會館）大門的左手邊不遠處。1891 年時舉辦第一場大寶森節慶典。最初，馬里安曼興都廟只是 K. Thamboosamy Pillai 家族的私人廟宇，1920 年代才開放給社會大眾，並且設置管理組織。這座廟曾在 1968 年及 1999 年整建，現今的廟門口上方有座南印度寺廟風格的五層廟塔（Raja Gopuram），設計非常華麗且具故事性，完工於 1972 年。

五層廟塔。

入口處天花板的十二星座圖騰設計。

以馬里安曼女神為建築設計

馬里安曼興都廟主要奉祀的印度教神祇為馬里安曼女神（Mariamman），以金、銀、祖母綠裝飾著，她是雪山女神（Parvati，濕婆神之妻）的其中一個形象，並認為是居住在海外印裔的守護者，因而在寺廟內可以看到雪山女神所衍生的各種神像、圖畫、雕飾。大門入口處上方的五層廟塔高度約 22.9 公尺，塑造了 228 個精緻的印度教神祇，是這間印度廟最高的建築結構。廟塔的塔門朝著東方，象徵人的腳；頭朝西方，將人的物質與精神世界接軌。

廟裡的印度教三大主神

馬里安曼興都廟除了供奉馬里安曼女神及其化身（如：Durga 女神、難近母、雨神），也可看到印度教的三大主神濕婆（Śiva，掌管毀滅）、梵天（Brahmā，掌管創造）、毗濕奴（Viṣṇu，掌管維護）及三大主神的妻子雪山女神、辯才天女（Saraswatu，梵天之妻，象徵智慧、財富、辯論）、吉祥天女（Lakshmi，毗濕奴的妻子，象徵美麗、財富、繁榮。雪山女神和濕婆神所生的兒子象頭神（Ganesha，象徵智慧、財富）及戰神室建陀（Murugan）之形象也可在此看見。

坐在蓮花上，左、右手各拿一朵蓮花的雪山女神帕爾瓦蒂（Parvati：意為山的女兒），是印度教首要主神濕婆神之妻。據說雪山女神有諸多的化身，馬里安曼女神是雪山女神的其中一個形式，是位可以治癒水痘、疹子的雨神，擁有庇佑在異國居住的印度教徒的能力。

毗濕奴為印度教三大主神之一，是眾生的保護之神。妻子為吉祥天女。

有對獠牙的馬里安曼女神（雨神）為雪山女神的化身。

濕婆神及雪山女神的幼子室建陀（戰神），是象頭神的弟弟。

吉祥天女，主管幸福與財富的女神。

中間坐著的即為毀滅之神濕婆，擁有破壞與創造的能力；右邊是雪山女神（手上通常會拿著蓮花）；左邊為象頭神是智慧之神。

INFO

馬里安曼興都廟（Sri Mahamariamman Temple, Kuala Lumpur）

163, Jalan Tun H.S. Lee（敦李孝式路），50000 Kuala Lumpur.

免費，但進到廟內得脫鞋子，可將鞋子寄放在廟門口旁的鞋子保管區

吉隆坡的印度教聖地─黑風洞

黑風洞（Batu Caves）為石灰岩地形，裡頭有 20 多個洞穴，據説在 1860 年代曾有華人到黑風洞蒐集鳥糞作肥料，1890 年印裔商人 K. Thamboosamy Pillai 在最大的洞穴神廟洞打造了戰神室建陀的神像，並於 1892 年時開始在此舉行大寶森節。不過，20 世紀初期從吉隆坡市區到訪黑風洞，得穿越雜草叢生沼澤遍布的地形，雖然那時黑風洞附近已有為了採礦而建立的私人鐵路。

從吉隆坡中央車站搭乘火車即可抵達「黑風洞」，一下車就可看到黑風洞的洞口及綠色的印度猴神（Hanuman），世界上最大的印度戰神室建陀的神像矗立於 272 階的階梯入口處旁，爬上 272 階的階梯大約需 10 分鐘，有些陡峭，兩旁有非常多瘦小的長尾獼猴正等著遊客餵食或準備搶食，因此要顧好隨身行李並把拉鍊或開口封住。272 階的階梯終點視野頗佳，可以俯瞰正在擴張中的吉隆坡市區以及雪蘭莪州的城鎮。

走進洞內，可以看到印度教三大主神濕婆、梵天、毗濕奴及其家系的各式神像，但大部分神像仍以戰神室建陀的形象為主，印度國鳥藍孔雀也時常出現在神像雕刻旁。洞頂有孔，

眺望吉隆坡的市區景觀。

黑風洞位於吉隆坡市區北方的雪蘭莪州鵝嘜縣，洞口站立著手持金剛杵的印度教戰神建陀。

白日的陽光滲透洞內讓室內充滿神聖的氛圍，洞內有各式的小神祠，有多位印度教修行者在此靈修，為神像掛上花圈，接受信徒們的奉獻，並且和鴿子、長尾獼猴、雞共享神廟洞的空間。到訪黑風洞前，建議先閱讀印度教三大主神的神話文本，相信探訪黑風洞之旅會是個精彩的旅程。

印度教的猴神，傳聞是西遊記中的孫悟空之原型，據說曾協助印度教三大主神之一毗濕奴的其中一個化身羅摩（印度神話中，阿逾陀國的王子），而受到尊崇。

象頭神為智慧之神。

梵天（Bramna）為創造之神（四面佛）。

黑風洞內可看到印度教的各式神像、靈修者、朝聖的印度教旅客、猴子、鴿子、雞等和平共存於一個洞內空間。

洞口剪影。

189

住宿資訊

🐾 龍鳳酒店（Dragon Inn Premium Hotel）

　　若旅費不足又想有個不受打擾的獨立空間，且對住宿品質不太苛求的情況下，也許可以考慮龍鳳酒店，這是間有點年代的酒店，但附近的交通方便，鄰近茨廠街入口，飲食的問題可以很容易解決。入住時得交付 RM50 的鑰匙抵押金，退房時櫃檯會退還。飯店的套房空間還算大，有對外窗可以看到茨廠街等景觀，室內也有電視、桌、椅、水壺、衣櫃等設備。

龍鳳酒店。

── INFO ──

龍鳳酒店（Dragon Inn Premium Hotel）

📍 14,Jalan Petaling, Off Jalan Tun Tan Cheng Lock, 唐人街，吉隆坡

💲 依房型區分，約在新臺幣 450 至 1,000 元間

交通資訊

🐾 大眾交通方式

　　從茨廠街牌坊走到輕快鐵的 Plaza Rakyat 站距離約 5 分鐘。在 Plaza Rakyat 這站搭捷運的話，得在 Bandaraya 站換位於 Bank Negara 站的火車（往 Tanjung Malim 的藍線火車）即可直抵黑風洞。上車前，請注意火車的起迄站及路線，這裡常有旅客搭錯反方向車或者是上錯車的狀況發生。

漫遊 霹靂州山城

怡保市（Ipoh）是馬來西亞的第三大城，位於霹靂州（Perak）首府，1920 年代因開採錫礦而發展，有「錫都」之稱，也因四周石灰岩地形山區環繞，在地華人稱之為「山城」。怡保市的地名源自於怡保樹的馬來語 pokok ipoh，中文樹名「見血封喉」，擁有很強的毒性，以前這裡的原住民以其汁液塗在箭頭上，用來狩獵或攻擊敵人，怡保火車站前方有棵怡保市僅存的怡保樹。怡保市區及近郊的地質以石灰岩為主，擁有精彩的石灰岩洞穴景觀與祕境，值得一探。

怡保火車站前方的怡保樹。

怡保市區的近打河是在地人生活上重要的水源，並影響怡保市區的發展。

椰殼洞

霹靂州務邊鎮的椰殼洞（Gua Tempurung）位於怡保市區東南方約 31 公里處，是馬來半島最大的石灰岩洞穴之一，洞穴隧道呈東西向，從椰殼洞到西南方的石灰岩小坵象嶼山（Gunung Gajah）的距離約 2 公里。椰殼洞據說生成於一萬年前左右，是座外型像五顆巨大椰子組成的石灰岩洞穴，因而被稱為椰殼洞。在椰殼洞裡，可以看到巨大的鐘乳石、石筍、石柱、地下水伏流、以前華人礦工採錫礦的遺址，據說二次大戰日軍占領馬來西亞期間以及二次大戰後，曾被霹靂州的在地人或是馬來西亞共產黨當成守備基地。

椰殼洞的大馬路口。

椰殼洞的鐘乳石景觀。

刺激的椰殼洞鐘乳石祕境探險

探險椰殼洞裡的行程路線總長約 2 公里，這 2 公里範圍內的洞穴地形，被規劃為四種不同難易度的路線。陸路的路線較簡易且老少咸宜，路徑行走於木棧道上，並且會經過 700 多級的階梯，一路皆有燈光照明，讓人們可從洞穴底部慢慢爬升，感受壯觀的椰殼洞鐘乳石洞景觀。椰殼洞的售票口處有廁所、更衣室、飲食店、販賣部、禱告室等，若參與水陸兩路探險行程而沒帶換洗衣物，販賣部賣的紀念衫物美價廉，活動結束後可以買這裡的衣服換穿留念。

椰殼洞的外觀。

─ *INFO* ─────────────────────────────────────

椰殼洞（Gua Tempurung）

Apt Consortium Sdn Bhd Pusat Pelancongan Gua Tempurung, 31600 Gopeng, Perak Darul Ridzuan

002＋60＋5-3188555

09:00～16:00；每週五 12:30～14:00 為禱告時間，休息

reservation.gtemp@gmail.com

wguatempurung.com

椰殼洞鐘乳石洞路線與票價資訊

路線編號	路線名稱／行程時間（開放時間）	人數限制	折返點	票價（馬來西亞公民）			票價（外國人）		
				成人	孩童（6~12歲）	老人	成人	孩童（6~12歲）	老人
一	黃金流石洞穴（Golden Flowstone Cavern）／每半小時一梯，行程40分鐘（09:00-16:00）	不限	從路口走到黃金流石洞穴（平台3）再折返	RM8	RM4	RM4	RM20	RM10	RM10
二	世界之頂（Top of the world）／每半小時一梯，行程1時45分鐘（09:00-15:00）	至少5位成人	從路口經過黃金流石洞穴（平台3）、走到世界之頂（平台5）再折返	RM12	RM6	RM6	RM30	RM15	RM15
三	世界之頂及短程鐘乳石洞底河流探險／每半小時一梯，行程2時30分鐘（09:00-24:00）	至少8位成人	從路口經過黃金流石洞穴（平台3）、世界之頂（平台5）、穿越地底河再折返	RM15	RM7.5	RM7.5	RM40	RM20	RM20
四	椰殼洞大探秘（Grand Tour）／每半小時一梯，行程3時30分鐘（09:00-11:00）	至少8位成人	從路口經過黃金流石洞穴（平台3）、世界之頂（平台5）、穿越整條地底河直達洞穴出口	RM30	RM15	RM15	RM50	RM25	RM25

註一：需多人才可成行的活動，建議在售票處詢客，詢問是否一起拼團同行。
註二：所有行程皆有園區導覽隨行，所有活動需在下午四點前結束。
註三：售票處可暫忙保管行李，若參與第三或第四項行程，請別帶做到水就會濕掉的行李，因為一定會全身溼透。

走上椰殼洞頂端探祕—陸路

　　參加「路線一」的路線，
是走到第三平台黃金流石洞室
（Golden Flowstone Cavern） 終
止，這條路徑也是最多觀光客報
名參與的路線，洞穴空間頗大，
跟著嚮導的解說可以看到不同
造型的鐘乳石景觀，有些碳酸
鈣結晶在燈光照耀下如水晶般
的閃閃發亮，偶爾還可看到以
前採錫礦的人們所留下的工具；
回音谷（Echo-Echo）也在這段
路程上。黃金流石洞是在黃色
燈光投射下如一片靜止金黃色
河流般，非常金碧輝煌而得名。

黃金流石洞室。

　　風洞（Wind tunnel）位 於
平台四，也是「路線二」的路
口，這裡可以看到美麗的大理
石岩壁，並且感受風洞口的陣
陣清涼，途經巨人洞（Gua Alam
Gergasi）、石灰岩柱（Tongkat）、
19世紀華人採錫的礦工洞穴遺
址（Gua Pelombong Timah）、
採錫礦區（Tin mine）、鐵鎚開
採遺址（Cokmar）等，有些石
壁在嚮導的手電筒指引下，還
可看到過往礦工採集金礦的遺
跡。終點處位於世界之頂（Top

華人礦工採錫礦之遺址。

of the world ／馬來語：puncak dunia），也就是洞穴最高處約 50 公尺高的洞頂附近，之後的
水路完全沒有探照燈，只能依靠手電筒或頭燈小心翼翼的行走。

鑽、趴、爬美麗的鐘乳石洞─水路

打燈終止處得先攀爬完全沒有人工設施的鐘乳石洞石灰岩塊，這岩塊有點滑且陡，要注意腳點，最好穿有抓地力的鞋子再走。下了大石灰岩塊後，開始進入地下伏流洞口，刺激的椰殼洞水路旅程開始，這是條遍布鐘乳石洞景觀的狹長型洞穴通道（Gua Alam），不時可以看到蝙蝠、蟋蟀，有的地方人站著行走無礙，有的地方得小心會撞到頭，有的地方整個人得趴在地面匍匐前進，有的地方腳完全無法彎曲只得靠手撐，因此參與椰殼洞的第三或第四行程絕對不要穿髒了或破了會很不捨的衣服。

「路線三」會經過一處洞穴出口，這裡是嚮導會讓大家休息的地點，可以看到地下伏流從洞口邊緩緩的流著。「路線三」盡頭的洞穴上方又可看到摸起來冰滑且紋路美麗的大理石岩壁，但這段路還是得繼續往洞穴深處鑽、爬、匍匐前進，有些地方還得用手肘撐在緩緩的地底伏流上爬著。參與椰殼洞的水路不全身溼透很難，但是晶瑩剔透的鐘乳石、石筍、石柱、石灰華階地絕對讓人不虛此行。

椰殼洞探險的中途休憩點。

椰殼洞的鐘乳石洞探險之旅。

　　勇士滑行區（Fallen Warrior）前是「路線三」的終點，嚮導會在此問大家有誰要放棄繼續前進，旁邊有好走的步道可以繞到出口。若願意繼續挑戰「路線四」，首先得要克服滑下勇士滑行區，這是塊角度約 85 度的六公尺高大岩壁，嚮導會提醒大家雙腳併攏背部緊貼岩塊再小心慢滑下來，雙腳開開的滑很危險。第四關得身體垂直地鑽到藏寶室（Treasure Room），這畫面就像我們在大馬路上看到維修下水道人員鑽進水溝蓋孔的情景般，但地形比勇士滑行區簡單些。

　　接著繼續鑽爬洞穴，經過一處名為戰場（The battlefield）的洞穴地形，會接上路線二終點下方的鐘乳石洞底端，整條椰殼洞的鐘乳石洞穴祕境探險會在洞穴東側鐵門（Pintu timur）結尾。

椰殼洞的的勇士滑行區。

年輕的椰殼洞導覽員。

197

椰殼洞水陸路探險注意事項

　　請記得穿輕便的長袖排汗衣褲及抓地力好的鞋子，帶防水的頭燈、手電筒、飲用水、換洗衣物、防滑手套，若要帶相機、攝影機、食物、備用電池、手機、紙類物品等怕水的物品，記得全部都要做防水保護，參與椰殼洞的水路行程一定會濕。有心臟病或是幽閉恐懼症、恐慌症的旅客，不適合參加椰殼洞含水路的行程。

交通資訊

🐾🚗 大眾交通方式

　　在休羅街（Jalan Sultan Iskandar）過近打河後的東側直走，再往右接上拿督翁惹化路（Jalan Datuk Onn Jaafar）直走，不久後會接上圓環附近的張伯倫路（Jalan C.M.Yusuff），藍色鐵皮屋頂公車亭位於張伯倫路上的 7-11 附近，可在那等候往務邊方向的 66 號巴士，告知司機要在椰殼洞下車，需買兩段票（車資共 RM1.7×2＝RM3.4）。公車站對面，有間怡保人評價頗佳的高賓酒店及茶餐室，若要一大早就出發前往椰殼洞，早餐可先在高賓茶餐室解決。下車後，得沿著路標巴士站前方左側的叉路再走 2 公里路程，才會抵達椰殼洞售票處。

巴士的地點在高賓酒店及茶餐室的對面。

秀麗且壯觀的鐘乳石洞內寺

極樂洞

　　霹靂州怡保市郊的崑崙喇叭（Gunung Rapat）有許多石灰岩洞穴，這些易達性高且空間夠寬敞的洞穴，自然也形成了早期怡保華人的宗教聖地。馬來西亞華人洞廟發展歷程，和臺灣早期的臺東縣長濱鄉八仙洞，或者是基隆的仙洞巖洞廟發展經驗相似，可從華人的巖仔信仰開始探討起。巖仔對於居住於中國福建地區的人們而言，意為「山裡的佛寺」，若山裡有便利且天然的山洞空間可供利用，自然而然地也會受到靈修者的青睞，成為宗教聖地。

　　極樂洞及附近的靈仙岩、南天洞、三寶洞、觀音洞、大乘巖等洞廟，在華人抵達怡保墾殖定居後，巨大的天然石灰岩洞空間有神佛像，紛紛成為人們寄託心靈的重要所在。崑崙喇叭地區的洞廟文化非常興盛，且因位於怡保市區近郊，每到假日常吸引在地華人家庭來此踏青、拜拜，並吸引許多臺灣、香港、澳門、新加坡、中國的華人前來朝聖。

從極樂洞盡頭後方小花園拍極樂洞。

┌ *INFO*

極樂洞

🏠 Bank Pertanian Malaysia Gunung Rapat. Ipoh, Ipoh 30450, Malaysia

📞 002＋60＋05-31281129

🕐 07:00～18:00

極樂洞內非常寬敞，雖已成為洞廟，但仍保有天然的石灰岩洞穴景觀。

洞內的石灰岩景觀與神佛

極樂洞和周邊的洞廟相較下，保有較完整的天然石灰岩洞穴景觀，洞頂上方一簇簇經過上萬年才能形成的倒錐形鐘乳石，在這個洞廟裡仍保存的很完整，些許石柱及鐘乳石為了避免受到人為破壞，也特別在周邊設起圍籬。造型較特殊有如神佛形象的石筍，則另外被圍起供奉著，洞門口旁還有設置尊小型的觀世音菩薩像。極樂洞內部不可焚香插爐，只能以鮮花、水果、清水供奉神明。

極樂洞的鐘乳石景觀。

這座洞廟供奉三尊塑著金身的佛教「華嚴三聖」，分別是中間坐在蓮花上的毗盧遮那佛（釋迦牟尼佛），以及祂的左脅侍文殊菩薩則半跏趺坐在獅子上，右脅侍普賢菩薩半跏趺坐在擁有六根象牙白象上方；此外，前方還有尊笑容可掬充滿福相的彌勒佛。極樂洞廟有三尊木塑的「道教三清」，中間者為元始天尊（天上世界至尊之神），左邊則是太上老君（道德天尊），右邊為通天教主。

極樂洞內的佛教「華嚴三聖」毗盧遮那佛、文殊菩薩、普賢菩薩以及彌勒佛。

在地人與長尾獼猴的後花園

極樂洞的地理位置較其他洞廟隱僻，到訪此地的旅客以怡保在地人為主，洞外也沒有大批的攤販店家，讓探訪極樂洞的遊人可感受這裡的閑靜氛圍。極樂洞廟盡頭後方有座被石灰岩山稜環抱的小花園，生態池遍布許多荷花，因為較少人為干擾，成為長尾獼猴的樂土。每當下午三點過後天氣沒有那麼熱的午後，從極樂洞階梯走向小花園，可以看到非常多的長尾獼猴在此嬉戲，還可聽到說著廣東話及客家話的耆老在此乘涼話家常，這就是怡保居民的日常。

極樂洞後方的小花園，是個讓怡保在地人放鬆身心靈的好所在。

極樂洞後方的小花園玩耍的小猴子。

大眾交通方式

可從怡保火車站右手邊不遠處的美丹傑巴士車站（Medan Kidd Bus Station）搭乘 94 號巴士，在崑崙喇叭衛星市（Taman Ipoh Jaya）的崑崙喇叭路（Jalan Gunung Rapat）下車。

下車後，先往 Selasar Hillview 路走，接上 Jalan kerjasama 路時往左，看到張金水路（Jalan Teoh Kim Swee）直走看到一家機車維修行後，往拉者慕沙馬哈迪路（Jalan Raja Musa Mahadi）右方走，再接上 Jalan Sepakat 路直走。看到 Lebuh semangat 1 路右轉，遇到第二個叉路口時左轉小巷內，再接上 Lebuh semangat 2 往右，遇到第三個叉路口往左，遇到叉路口再往右，到第二個叉路再往左，直走到底遇叉路往右，最後會接上 Persiaran Sepahat 8 這條巷到盡頭。最後，往山區方向的大馬路直走到底，即可抵達極樂洞。

若要順道一遊附近的靈仙岩、南天洞、三寶洞、觀音洞、大乘嶺等佛道教洞廟，得先在蘇丹納茲林沙路（Jalan Sultan Nazrin Shah）盡頭處下車，站牌斜對面有家 7-11，看到叉路後仍直走蘇丹納茲林沙路，這些洞廟皆位於這條大路邊或再轉近東側小巷道內。

另外，假設預計要到訪極樂寺周邊所有的洞廟，還有個簡便的交通方式可參考，但下車地點離極樂洞較遠些。首先是在美丹傑巴士車站搭乘往九洞美露拉也安定繁榮巴士總站（Terminal Bas Amanjaya）的藍色低底盤的 30B 巴士或者是 116 號巴士，下車後請購買 Plusliner 客運的票，告知司機要在霹靂觀音洞（Tokong Kwan Yin Tong Perak）附近下車。這家客運公司的大巴外觀是綠色的，大約 1 ～ 2 小時一班車。

崑崙喇叭衛星市每週一有市集在此聚集，攤位超過 300 個以上，確切地點到目的地後請務必和在地店家詳細做確認。

附錄

參考資料

1. 沙巴旅遊局（2014）《精彩亞庇—和周邊地區精選》。Kota Kinabalu, Sabah, Malaysia：沙巴旅遊局。

2. 沈慶旺（2007）《蛻變的山林》。Batu Caves, Selangor, Malaysia：大將出版社。

3. 杜忠全（2012）《戀念檳榔嶼》。Batu Caves, Selangor D.E., Malaysia：大將出版社。

4. 吳德廣（2011）《外交官帶你看世界：花園國度—馬來西亞》。香港：萬里機構・萬里書店。

5. 林麗寬（2012）《砂勞越的出洋客》。金門縣：金門縣文化局。

6. 房漢佳（2001）《砂拉越巴南河流域發展史》。砂勞越：砂勞越人民聯合黨總部研究與資料中心。

7. 馬來西亞旅遊促進局（2002）《馬來西亞：國家公園》。馬來西亞：馬來西亞旅遊促進局。

8. 馬來西亞世界自然基金會（2007）《馬來西亞國家公園》。新北市中和市：閣林國際圖書有限公司。

9. 瑪杜莎（2011）《誤闖叢林的校長—浪漫遊東馬》。臺北市：華成圖書出版股份有限公司。

10. 慕倫／Vernon Mullen（1963）《砂勞越簡史》。譯者：朱洪聲。砂勞越古晉：婆羅洲文化出版局。

11. 蔣斌（2009）。〈岩燕之涎與筵宴之鮮：砂勞越的燕窩生產與社會關係〉。蒲慕洲主編《飲食傳播與文化交流》。臺北：中華飲食文化基金會。

12. 劉子政（1996）《砂勞越百年紀略》。Sibu,Sarawak,Malaysia：砂勞越華族文化協會。

13. Charles Bruee（1924）。《Twenty years in Borneo。Kota Kinabalu, Sabah, Malaysia：Natural History Publications（Borneo）Sdn.Bhd.

14. D.H Robinson（2002）。《A Mild MAN IN BORNEO》。Kuching Sarawak：Times New Roman.

15. Elizabeth Mershon（2004）。《With the wild men of Borneo》。Kota Kinabalu .Sabah. Malaysia：Natural History Publications（Borneo）Sdn.Bhd.

16. Eric Hansen（1995）。《作客雨林》。譯者：金恆鑣。臺北市：允晨文化。

17. M.G Dickson（1971）。《砂勞越與其人民：第二冊》。譯者：楊啟明。砂勞越古晉：婆羅洲文化局。

18. Redmond O'Hanlon（1999）。《一頭栽進婆羅洲》。譯者：陳明哲。臺北市：天下文化。

19. Wendy Khadijah Moore（2004）。《Malaysia:A Pictorial History 1400- 2004》。Malaysia：Editions Didier Millet.

＊備註：以上參考資料依作者姓氏筆畫排序。

參考網站

1. 達邦樹・無聲的吶喊：tapangrainforest.org
2. 關鍵評論（東南亞版）：asean.thenewslens.com
3. 當今峇南：BaramKini baramkini.wordpress.com
4. 當今大馬：malaysiakini.com/c/zh/news
5. 星洲日報：sinchew.com.my
6. 全國宗教資訊網：religion.moi.gov.tw
7. 臺灣南亞協會：southasiawatch.tw
8. Borneo Bird Festival：facebook.com/BorneoBirdFestival
9. Lonely planet：lonelyplanet.com
10. Royal Geographical Society：www.rgs.org
11. World Wildlife Fund：worldwildlife.org
12. wonderfulmalaysia.com：wonderfulmalaysia.com

馬來西亞自助旅行裝備檢核表

個人物品類

☐ 防曬乳（≦ 100ml） ☐ 防蚊液（≦ 100ml） ☐ 洗面乳（≦ 100ml） ☐ 牙膏（≦ 100ml）

☐ 洗髮精（≦ 100ml） ☐ 牙刷、牙線 ☐ 肥皂（洗衣、洗澡） ☐ 梳子

☐ 遮陽帽 ☐ 隱形眼鏡 ☐ 眼鏡 ☐ 短袖排汗衣 ×2

☐ 薄長袖衫 ×1 ☐ 薄外套 ×1 ☐ 保暖外套 ×1（飛機或車程時穿，或當枕頭）

☐ 短褲 ×1 ☐ 內褲 2 件 ☐ 免洗內褲 ×2 ☐ 長褲 ×1

☐ 涼鞋（或拖鞋） ☐ 襪子 2 雙 ☐ 衛生紙 ☐ 購物袋

☐ 防滑的運動鞋 ☐ 毛巾 ☐ 輕便小背包 ☐ 雨傘

☐ 隱形隨身包 ☐ 塑膠袋（分裝當日需洗的衣服） ☐ 地圖

☐ 多頭插座 1 個（可在馬來西亞使用的電壓轉換插頭，馬來西亞電壓介於 220 ～ 240 伏特，
　規格為三腳插座）

☐ 頭燈（或手電筒）

緊急狀況預備

☐ 自用藥品 　　　　☐ 親友聯絡電話、住址 　　　☐ 護照影本兩份
☐ 身分證影本兩份 　☐ 2 吋大頭照（2 ～ 4 張）

單據

☐ 訂房確認單 　　☐ 機票預訂資料
☐ 保單（旅遊意外險 + 不便險 + 綜合保險。正本請信任的親友保管）

其他

☐ 曬衣繩 　　　　　☐ 曬衣夾 　　　☐ 洗衣服的刷子
☐ 一分四的延長線（需買無指示燈、無開關的。注意：吹風機禁用此延長線）
☐ 其他個人必備品 　☐ 望遠鏡 　　　☐ 伴手禮（如臺灣特色的糕餅，在當地交朋友用）

安全守則

1. 避免徘迴於僻靜的道路。
2. 行走時，有拿物品的那側要靠街道的內側。
3. 皮包抱在胸前不要側背，用餐期間得隨時注意皮包及身邊財物，別把皮包放在餐桌及身旁座椅上。
4. 避免單獨前往出入分子複雜的地方。
5. 女生單獨自助旅行時，盡量穿著中性且好活動的褲裝、運動鞋。
6. 隨身攜帶緊急狀況時，需聯繫的親友電話、住址及「駐馬來西亞臺北經濟文化辦事處」（Taipei Economic and Cultural Office）急難救助電話：0193812616（馬來西亞境內撥打）

當地民俗與注意事項

1. 和馬來人互動時，不可用食指比人、地方、物品，須以右手大拇指取代食指比向目標物。
2. 到馬來人家中或回教堂需脫鞋子。
3. 回教徒不喝酒。
4. 馬來西亞華人更重視家族、親族間的連結及禮貌，到華人長輩家作客請注意禮節。
5. 參訪原住民的住家時，未經住戶的允許，請勿擅闖民宅。

6. 馬來西亞交通便利之處僅在吉隆坡、檳城、馬六甲等城市，其餘地區的大眾運輸交通很不方便，出發前交通資訊需掌握好。

簡易的常用馬來語

詢問

1. 你好嗎？	Apa khabar?
2. 一路順風。	Selamat jalan
3. 你能幫助我嗎？	Bolehkah anda tolong saya?
4. 為什麼？	Kenapa?
5. 您叫什麼名字？	Apakah nama anda?
6. 這是什麼？	Apa ini／itu?
7. 費用多少？	Berapa harganya?
8. 什麼時候？	Bila?
9. 我要如何去呢？	Bagaimana hendak ke sana?

地點

1. 商場	Pusat membeli-belah
2. 銀行	Bank
3. 醫院	Hospital
4. 警察局	Balai Polis
5. 郵局	Pejabat Pos
6. 洗手間	Tandas
7. 機場	Lapangan Kapal Terbang
8. 巴士站	Stesen Bas
9. 出口	Keluar
10. 道路	Jalan Raya

稱呼

1. 我	Saya
2. 你	Anda、Awak
3. 我們	Kita／Kami
4. 小姐	Cik
5. 先生	Encik

問候

1. 再見	Selamat tinggal
2. 謝謝	Terima kasih
3. 對不起	Maaf kan saya
4. 歡迎	Selamat datang
5. 我的名字是…	Nama saya ...

實用網站

1. 馬來西亞觀光局在臺辦事處：promotemalaysia.com.tw
2. 外交部領事事務局：www.boca.gov.tw/content.asp?CuItem=80
3. 馬來西亞航空：malaysiaairlines.com/tw
4. 亞洲航空：airasia.com/tw
5. 大馬基建公司「一卡通」：myrapid.com.my

國家圖書館出版品預行編目資料

東西馬文化生態盛宴自助行 / 官佳岫作． -- 初版．
-- 臺北市：華成圖書，2018.06
面； 公分． --（自主行系列；B6202）

ISBN 978-986-192-325-3（平裝）

1. 生態旅遊 2. 自助旅行 3. 馬來西亞

738.69　　　　　　　　　　　　　107006083

自主行系列　　B6202

東西馬 文化生態盛宴 〈自助行〉

作　　者／Cemcem（官佳岫）

出版發行／ 華杏出版機構
　　　　　華成圖書出版股份有限公司
　　　　　www.far-reaching.com.tw
　　　　　11493台北市內湖區洲子街72號5樓（愛丁堡科技中心）
　　　户　　　名　　華成圖書出版股份有限公司
　　　郵 政 劃 撥　　19590886
　　　e - m a i l　　huacheng@email.farseeing.com.tw
　　　電　　　話　　02-27975050
　　　傳　　　真　　02-87972007
　　　華 杏 網 址　　www.farseeing.com.tw
　　　e - m a i l　　adm@email.farseeing.com.tw
　　　華 成 創 辦 人　　郭麗群
　　　發　行　人　　蕭聿雯
　　　總　經　理　　蕭紹宏

　　　主　　　編　　王國華
　　　責 任 編 輯　　楊心怡
　　　美 術 設 計　　陳秋霞
　　　印 務 主 任　　何麗英
　　　法 律 顧 問　　蕭雄淋‧陳淑貞

定　　　價／以封底定價為準
出版印刷／2018年6月初版1刷

總 經 銷／知己圖書股份有限公司
　　　　　台中市工業區30路1號　　電話　04-23595819　　傳真　04-23597123

讀者線上回函
您的寶貴意見
華成好書養分